Walter Brettschneider

Obstbäume in Töpfen

unter Mitarbeit
von Erwin Beyer, Stuttgart

65 Farbfotos
43 Zeichnungen

Verlag Eugen Ulmer

Zeichnungen von Claudia Hosslin, Therwil (Schweiz)
Umschlagfoto: Apfelbäumchen im Holzkübel.
Foto Seite 2: Topfobstbäumchen sind im kleinen Hausgarten ideal. Hier wird an einem Apfel der Sommerschnitt durchgeführt.

CIP-Kurztitelaufnahme der Deutschen Bibliothek

Brettschneider, Walter :
Obstbäume in Töpfen/Walter Brettschneider. –
Stuttgart : Ulmer 1984.
(Ulmer Taschenbuch ; 11)
ISBN 3-8001-6262-8

Wollgrasweg 41, 7000 Stuttgart 70 (Hohenheim)
Printed in Germany
Satz: Typobauer Filmsatz GmbH, Ostfildern 3
Druck und Bindung: Georg Appl, Wemding

Vorwort

Erfreulicherweise wird den in Vergessenheit geratenen Kleinobstbäumen wieder mehr Aufmerksamkeit geschenkt. Aus Beobachtungen bei Gartenfreunden und Topfobst-Liebhabern hat sich aber gezeigt, daß die Eigenarten der Obstbäume im Topf ein Umdenken erfordern. Topfobstbäumchen, Zier- und Nutzpflanzen zugleich, verlangen in mancher Hinsicht eine andere Behandlung als die großen Bäume im Garten. Besonders die zur Formgebung und Fruchtholzgewinnung notwendigen Schnittmaßnahmen müssen andere sein. Insofern ist die Topfobstkultur für den Gartenfreund von heute wieder mehr oder weniger Neuland, obwohl sie früher weit verbreitet war.
Die hier gegebene Anleitung für die Kultur von Obstbäumchen in Töpfen erhebt nicht den Anspruch, ein »Lehrbuch des Topfobstanbaues« zu sein. Sie soll vielmehr dem Unkundigem ein leicht verständlicher Ratgeber sein und ihm zeigen, daß man auch ohne Obstgarten, mit nur wenig Bäumchen und auf engbegrenztem Raum nicht auf selbstgezogenes Obst verzichten braucht. Der Vollständigkeit halber wurde auch das Beerenobst, einschließlich der Erdbeeren mitaufgenommen.
Sollte der Wert und die vielseitige Verwendung dieser einmaligen Zier- und Nutzpflanzen mehr als bisher erkannt und wie ehemals weiteste Verbreitung finden, so ist der Zweck dieses Buches erfüllt.
An dieser Stelle möchte ich all jenen danken, die mich bei der Arbeit an diesem Buch beraten und unterstützt haben, insbesondere den Herren Erwin Beyer, Stuttgart, und Wolfgang Kiefer, Esslingen.

Walter Brettschneider
Stuttgart im Herbst 1984

Inhalt

Einleitung

Die Kultur von Pflanzen aller Art in Töpfen und Kübeln ist ein Verfahren, das weit in die Jahrhunderte zurückreicht und das aus dem Leben der Kulturvölker nicht wegzudenken ist. Bis auf wenige Ausnahmen lassen sich alle Pflanzen in Gefäßen kultivieren und überall verwenden: Blatt- und Blütenpflanzen zur Belebung und Ausschmükkung der Wohnräume, Blütensträucher, Laub- und Nadelgehölze, Palmen und viele andere Pflanzen als Solitäre zu Dekorationszwecken in Haus, Garten und Park.

Schon in vorchristlicher Zeit setzten die Griechen und Römer den Lorbeerbaum zur Dekoration ihrer Landhäuser in große Pflanzgefäße. In China begann man erstmalig naturgewachsene, zwergförmige Laub- und Nadelgehölze aus hohen Bergregionen zu holen und sie in Gefäße zu pflanzen, um sich an der eigenartigen Schönheit und Vielfalt der knorrig gewachsenen Pflanzen zu erfreuen. Die Japaner entwickelten schon im 14. Jahrhundert aus den Anfängen dieser Gefäßkultur die Kunst der Bonsai-Kultur, die inzwischen zu höchster Vollendung gereift ist.

Das Bedeutsame an der Bonsai-Kultur liegt darin, daß jedes Bäumchen, das jahrelang in kleinen Pflanzschalen von nur 2 cm Höhe oder in Gefäßen bis zu 50 cm Höhe steht, einen gelungenen Versuch darstellt, nicht nur die im Freien wachsenden großen Laub- und Nadelgehölze im Kleinen nachzubilden, sondern auch den harten Existenzkampf, den diese Gehölze auf den hohen Bergregionen zu bestehen haben, durch kunstvolle Formen und individuelle Behandlung zum Ausdruck zu bringen.

Mit diesen Bonsais, den Miniaturbäumchen, werden auch reizvolle Gehölzgruppen und Miniaturgärtchen erstellt, die eine Nachahmung der japanischen Gärten darstellen. Das japanische Wort »Bonsai« (bon = Topf, sai = Baum) bedeutet somit »Baum im Topf«. Obwohl die Bonsais in kleinen und kleinsten Gefäßen stehen, werden sie sehr alt. Es gibt Exemplare, die von Generation zu Generation weitergegeben werden, ihre in Feld und Wald stehenden Arten viele Jahre überdauern, Hunderte von Jahren alt sind und heute wie Edelsteine behandelt werden.

In den dichtbevölkerten japanischen Stadtgebieten, die den dort wohnenden Menschen wenig Kontakt mit der Natur bieten, wird die Pflege der Bonsais liebevoll betrieben und keineswegs nur als eine Spielerei mit der Pflanzenwelt angesehen. Hierbei sei erwähnt, daß die Haltung und Pflege von Bonsais auch im Zusammenhang mit dem Schintoismus, der alten Naturreligion der Japaner, gesehen werden muß.

Im Vergleich zu den erstgenannten Pflanzengruppen und zur Bonsai-Kultur hat das Verfahren, Obstbäume aller Arten als Topf- und Kübelpflanzen zu kultivieren, wesentlich andere Gründe. Topfobstbäume sind in ihrer Blütenfülle und als früh beginnende, dankbare Fruchtträger Zier- und Nutzpflanzen zugleich; darüberhinaus für jedermann eine interessante, lehrreiche obstbauliche Besonderheit, gleichsam Obstbau in Kleinstform für den Haus-, Klein-, Vor- und Dachgarten. Auch im kleinsten Pachtgarten braucht man nicht mehr auf ein Obstbäumchen zu verzichten, denn jeder Topfobstbaum kann,

In den einstigen Schloß- und Herrschaftsgärten (Villa Aldobrandini in Frascati, Italien) haben sich um die Jahrhundertwende ausgedehnte Topfobstkulturen entwickelt.

ohne Schaden zu nehmen, zu jeder Zeit, auch während der Blüte und mit Früchten behangen, anderweitig aufgestellt werden.
Die Eigenart der Topfobstkultur, die nicht zu vergleichen ist mit den im allgemeinen Obstbau üblichen Anbaumethoden, erfordert jedoch ein Umdenken. Nicht jedermann kann sich vorstellen, daß ein Obstbaum, wie wir ihn im Garten zu sehen gewohnt sind, trotz des beengten Wurzelbereiches im Tontopf oder Holzkübel freudig wachsen, blühen und Früchte von besonderer Güte tragen kann.
Die Topfobstkultur wird schon sehr lange gepflegt. Dessenungeachtet trat durch die in den rückliegenden Jahrzehnten eingetretenen wirtschaftlichen Notzeiten ein Stillstand ein. Die in diesen Jahren bewirtschafteten Haus- und Kleingärten waren mehr oder weniger Nutzgärten zur Deckung des eigenen Bedarfs an Obst und Gemüse. Man denke an den Mostobstanbau für den Haustrunk im Süden Deutschlands.
Angeregt durch den seinerzeit bekannten, aber mißverstandenen Sinnspruch »Auf jeden Raum pflanz einen Baum, und pflege sein, er bringt es ein«, ebenso in Verkennung der Ansprüche, die jede Obstart und Sorte an ihren Standort stellt, wurden auch in kleinsten Gärten und Vorgärten starkwüchsige Baumformen angepflanzt: Busch-, Halb- und Hochstammbäume. Naturgemäß entwickelten sich dieselben im Laufe der Jahre zu breit- und hochkronigen, alles überschattenden Bäumen mit all ihren nachteiligen Auswirkungen. In vielen dieser Kleingärten wurde so ungewollt eine obstbauliche Fehlentwicklung eingeleitet, deren Ausstrahlung heute noch unverkennbar ist. Aus den seinerzeit mit viel Freude bearbeiteten Gärten sind mehr oder weniger Kummergärten geworden.
Die Kleingärten der heutigen Zeit dienen nicht mehr ausschließlich dem Erwerb. Sie sind anderer Natur. Aus den

Kummergärten sind wieder Erholungsgärten geworden, in denen diese Kleinobstbäume als Zier- und Nutzpflanzen neben den anderen Gartengewächsen ihren Platz einnehmen, ohne sich gegenseitig zu benachteiligen.
Von allen im Obstanbau üblichen Baumformen benötigt das Topfbäumchen den geringsten Raum. Es ist von den Bodenverhältnissen, gleich welcher Beschaffenheit, völlig unabhängig und kann jederzeit vor den Unbilden der Witterung wie Blütenfrost oder Hagel geschützt werden. Alle anfallenden Arbeiten wie Baumschnitt, Schädlingsbekämpfung, Düngung, Bewässerung und Pflückarbeiten, sind leicht durchzuführen.
Naturgemäß kann ein Topfobstbäumchen mengenmäßig nicht den Ertrag eines im Freiland ausgepflanzten Baumes erreichen. Topfobstbäumchen sind keine Massenträger. Als Zierpflanzen erfreuen sie uns mit ihrer Blütenpracht. Als platzsparende Nutzpflanzen sind es sichere und dankbare Träger schöner Früchte. Der Obstliebhaber hat, wenn der Platz vorhanden ist, jederzeit die Möglichkeit, den Topfobstbestand nach seinen Wünschen zu erweitern und dadurch auch die Erntemengen zu erhöhen.
Als sich seinerzeit führende Baumschulbetriebe der Anzucht von Jungbäumen und fertigen Topfobstbäumen speziell für den Gartenfreund und Obstbauliebhaber annahmen, fand auch die Topfobstkultur mehr Verbreitung. Es waren u.a. die Baumschulen O. Schmitz-Hübsch (Merten bei Bonn), L. Späth (Berlin) und H. B. Warnecken (Burgdamm bei Bremen).
Beispielgebend und vorbildlich waren auch die unter Friedrich dem Großen errichteten Terrassen von Sanssouci, die in den Jahren um 1900 – zusätzlich zu den an den sogenannten Talutmauern befindlichen Spalierobstpflanzungen – auch für Topfobstkulturen genutzt wurden. Ihre Blütezeit dürfte die Topfobstkultur zwischen den Jahren 1870 und 1914 erfahren haben, wo sich diese Art des Gärtnerns besonders in Schloß- und Herrschaftsgärten entwickelt hat.
Außerdem darf nicht unerwähnt bleiben, daß die Obstbauwissenschaft neben ausgedehnten Versuchen und Forschungsarbeiten in Freilandkulturen auch die Topfobstkultur in sogenannte Gefäßversuche einbezogen hat.
Obwohl die Topfobstkultur schon sehr alt ist und im In- und Ausland bekannt und verbreitet war, ist sie bei uns infolge der in den rückliegenden Jahrzehnten eingetretenen Ereignisse und der wirtschaftlichen Umorientierung in völlige Vergessenheit geraten. Auch die seinerzeit von bekannten Obstbaufachleuten und Praktikern verfaßten Werke über die Topfobstkultur sind nahezu unbekannt und nicht mehr zu haben. Schon 1938 versuchte der Hofgarteninspektor A. Schippner, ein angesehener Pomologe, der von 1876 bis 1946 gelebt hat, mit seiner Schrift »Topfobstzucht für Jedermann« dieses Steckenpferd wieder zum Leben zu erwecken. Auch in der 4. Auflage von »Pareys Illustriertem Gartenbaulexikon« aus dem Jahr 1926 findet sich ein Kapitel über »Obstbaumzucht in Töpfen und Kübeln«.
Weil dem so ist, wurde vom Verfasser auf dem Rotenberg bei Stuttgart im Anschluß an seine obstbauliche Versuchs- und Forschungspflanzung eine Sonder-

Auch die Wissenschaft bedient sich bei sogenannten Gefäßversuchen der Topfobstbäumchen. Hier ein Ernährungsversuch mit der Apfelsorte 'Berlepsch': (von links) ungedüngt, ohne Kalium, voll gedüngt.

abteilung für die in Vergessenheit geratene Topfobstkultur zur Anschauung für jedermann eingerichtet. Wer hier das erste Mal ein kleines Topfobstbäumchen in Blüte gesehen hat und das gleiche Bäumchen im Herbst als dankbaren Fruchtträger wieder sieht, wird über Anzucht, Behandlung und die Beschaffung von Jung- oder Fertigbäumen dieser Obstbaumkleinstform mehr wissen wollen.

Möge diese Einführung in die Topfobstkultur dazu beitragen, daß immer mehr Gartenfreunde und Obstbauliebhaber sich dieser interessanten und lehrreichen Obstbaumform annehmen, in der richtigen Deutung des Sinnspruches:

»Auf jeden Raum,
stell einen Baum
und pflege sein,
er bringt es ein.«

Geeignete Obstarten

Mit wenigen Ausnahmen lassen sich alle Obstarten in geeigneten Pflanzgefäßen kultivieren. Die ersten Versuche sollte man nur mit Äpfel und Birnen machen. Später können Pflaumen und Kirschen folgen. Nach den hierbei gesammelten Erfahrungen können auch Pfirsiche, Nektarinen, Aprikosen, Feigen, Weinreben und Beerenobst in die Versuche miteinbezogen werden. Mit jedem neu hinzukommenden Obstbäumchen wird die Kleinobstkultur noch viel interessanter.

Apfel-, Birnen-, Pflaumen- und Kirschenbäume sind im allgemeinen winterhart. Dessenungeachtet müssen die Wurzeln vor zu starken Bodenfrösten vorsorglich geschützt werden. In nördlichen Gebieten muß auch der Stamm den Einwirkungen der Winterkälte entzogen werden.

Von allen Obstarten ist der Apfel in der Topfkultur am dankbarsten. Wuchs, Lebensdauer und Erträge sind gut, denn Topfbäume können, wenn nötig, gegen Witterungsunbilden wie Blütenfröste und Hagelschaden geschützt werden. Dadurch können Apfelsorten mit Erfolg kultiviert werden, die im üblichen Freilandanbau nicht befriedigen, hier im Topf und am geschützten Standort aber voll entwickelte Früchte bester Güte liefern.

Neben dem Apfel sind die Birnen wegen ihres natürlichen, pyramidenförmigen Wuchses vorzüglich als Topfobstbäume geeignet. Wachstum, Fruchtansatz und Güte der Frucht sind allgemein zufriedenstellend.

Pflaumen, Renekloden, Mirabellen sind nicht so ertragreich wie Äpfel. Dennoch sind Bäumchen dieser Obstarten in der Topfkultur interessant und werden ihren Zweck nicht verfehlen.

Auch Sauerkirschen eignen sich vorzüglich für die Topfkultur. Seinerzeit wurden von der heute weniger bekannten Sorte 'Ostheimer Weichselkirsche' niedrige kugel- und pyramidenförmige Bäumchen herangezogen. In ihrer Blütenfülle und nach der Blüte mit dunkelroten Früchten behangen, waren und sind es Zier- und Nutzpflanzen von seltener Schönheit.

Bei den Süßkirschen gibt es bisher noch keine geeignete schwachwüchsige Veredelungsunterlage für Topfbäumchen. Jedoch sind diesbezüglich Züchtungsvorhaben erfolgversprechend.

Pfirsiche und Nektarinen sind schutzbedürftige Obstarten, die einen sonnigen Standort und einen frostfreien Überwinterungsraum brauchen. Die Erträge sind recht erfreulich. Stellt man frühe Pfirsichsorten hinter eine leicht zu erstellende Wand aus Frühbeetfenstern oder unter Folie, erntet man vorzeitig und ohne zusätzliche künstliche Wärmezufuhr die schönsten Früchte.

Aprikosen sind, ähnlich den Süßkirschen nur für den Liebhaber dieser Obstarten von Interesse. Der Ertrag ist zu gering.

Weinreben sind zur Begrünung von Balkonen und Dachgärten bestens geeignet. Als Einzelpflanzen bedürfen sie einer längeren Vorkultur und größerer Pflanzgefäße. In rauhen Lagen, ebenso in nördlichen Gebieten ist ein Winterschutz unerläßlich.

Feigen brauchen für ihr Gedeihen sehr viel Wärme, reichlich Wasser- und Düngergaben und einen frostfreien Überwinterungsraum.

Zu den dekorativsten Topfobstbäumchen zählt ein Pfirsich mit Fruchtbehang (Sorte 'Amsden').

Bei Jungbäumen ist auf ein dichtes Netz von Faserwurzeln zu achten.

Vom Beerenobst verwenden wir Johannisbeeren, Stachelbeeren als Stämmchen in verschiedenen Höhen.
Erdbeeren können in sogenannten Erdbeerfässern, fahrbaren Torfwänden oder -säulen und in einzelnen Behältern kultiviert werden. Nach der Ernte des 2. Jahres werden die Pflanzgefäße mitsamt den abgetragenen Pflanzen entleert, mit frischer Erde gefüllt und neu bepflanzt.
Nach der Bepflanzung der Gefäße werden dieselben gut gewässert und an einem geschützten Platz aufgestellt. Hier verbleiben sie solange, bis die Winter- und Blütenfröste vorüber sind. Danach stellt man die bepflanzten Gefäße dorthin, wo sie am günstigsten stehen. Durch behutsame Wasser- und flüssige Düngergaben werden erfreuliche Erträge erreicht.

Anzucht von Jungbäumen

Bei allen für die Topfkultur vorgesehenen Bäumen ist deren Bewurzelung von besonderer Bedeutung. Ihre Beschaffenheit muß eine andere sein als bei den Obstbäumen in der Freilandkultur. Wie bekannt, entwickeln im Freiland wur-

Eine Birne im Topf neben anderen Kübelpflanzen.

Auch bei Topfobstbäumchen ist zu beachten, daß die Veredlungsstelle gut verwachsen ist.

rer Zeit und nur bei sehr kurzem Schnitt gut geformte, reichlich fruchtende Bäume erzielen. Die Jungbäume haben anfangs noch nicht die erforderliche Wurzelmasse, um alle seitlichen Augen zu gleichmäßig entwickelten Trieben auszubilden.
Eine Ausnahme kann man lediglich bei Pfirsichen machen, wenn man kräftige, schon im ersten Jahr regelmäßig verzweigte Bäumchen mit 20 bis 30 cm Stammhöhe und reichlich Faserwurzeln zur Verfügung hat. In etwas größere Pflanzgefäße gesetzt, entwickeln sie ein gutes Baumgerüst.

Veredlungsunterlagen

Obwohl die Verwendung von Unterlagen bei der Anzucht von Obstbäumen selbstverständlich zu sein scheint, wird doch immer wieder die Frage gestellt, warum Obstbäume veredelt werden müssen.

Veredeln

Unsere langlebigen Obstarten sind Pflanzen, die auf Bestäubung durch Insekten angewiesen sind, d.h. Fremdbefruchter. Hierdurch bedingt sind ihre Nachkommen (Sämlinge) ungleicherbig oder spalterbig. Demzufolge ist eine sortenechte Vermehrung der Obstarten durch Aussaaten von Obstkernen oder Obststeinen, wie es bei landwirtschaftlichen und gärtnerischen Nutz- und Zierpflanzen üblich ist, nicht möglich. Von jeher versuchte man darum, die Vermehrung und Erhaltung guter Obstsorten auf andere Weise zu ermöglichen. Aus geschichtlichen Überlieferungen geht hervor, daß bereits 1000 v. Chr. die Phönizier Zweigstücke einer guten Obstsorte auf eine weniger gute Sorte übertragen, d.h., dieses Zweigstück (Edelreis) mit der anderen Pflanze (Unterlage) zum gegenseitigen Verwachsen veranlaßt haben. Dieses Verfahren fand nach und nach bei allen Kulturvölkern Eingang. Wann das sogenannte Zweigen, Pfropfen und damit Veredeln von Obstbäumen in Deutschland bekannt wurde, ist ungewiß. Die ersten Berichte darüber stammen aus den Jahren um 1300. Seit dem 17. Jahrhundert fand das Veredeln der Obstbäume und die Anzucht von Jungbäumen mit verbesserten Methoden, so wie es heute im Obstbau und in den Baumschulen gehandhabt wird, weiteste Anwendung.

Eigenschaften der Unterlagen

Bei der Anzucht von Obstbäumen für die im Erwerbsobstbau bekannten Baumformen verwendet der Baumschu-

Bei Obstbäumen in Töpfen ist es wichtig, daß die Sorte (hier die Apfelsorte 'James Grieve') auf einer schwachwüchsigen Unterlage steht.

ler Unterlagen mit sehr unterschiedlicher Wuchscharakteristik aus »generativer« und »vegetativer« Vermehrung. Unterlagen aus generativer Vermehrung, auch Sämlingsunterlagen oder Wildlinge genannt, ergeben meist starkwachsende, großkronige Bäume. Die Anzucht der Unterlagen aus vegetativer Vermehrung erfolgt durch Steckholz, Grünstecklinge, durch Ableger oder Absenker. Nur die Unterlagen für Äpfel werden meistens als sogenannte Abrisse von besonders ausgesuchten, mit Erde angehäufelten Mutterpflanzen gewonnen.
Um über die Wuchseigenschaften der im Obstbau verwendeten Unterlagen eine Übersicht zu bekommen, begann um 1911 Professor Schindler in der Pomologie Proskau, später in Pillnitz, verschiedene Unterlagen auf ihre Identität zu prüfen und Selektionen (Auslesen) vorzunehmen.

Unterlagen für Äpfel und Birne

In den Jahren um 1912 wurden von Professor Hatton, Forschungsanstalt East-Malling (England), erstmalig alle seinerzeit im Handel befindlichen, vegetativ vermehrbaren Unterlagen für Äpfel gesammelt, gesichtet, nach ihren Wuchseigenschaften unterteilt, durchlaufend mit römischen Zahlen (heute mit arabischen Zahlen) registriert und als sogenannte M-Typen bekannt und verbreitet. In den deutschen Baumschulkatalogen werden diese als Malus-Unterlagen (lat. malus = Apfel) oder vereinfacht als M-Unterlagen geführt. Heute bezieht sich das M auf Malling.

Einige Apfelunterlagen:

M 11, stark bis sehr starkwüchsig,
M 4, mittelstark bis starkwüchsig,
M 7, schwach bis mittelstark,
M 9, schwachwüchsig,
M 27, wächst schwächer als M 9.

Wer über diese Hinweise hinaus am Problem der Unterlagenforschung interessiert ist, findet alles Wissenswerte in der obstbaulichen Fachliteratur. Vorerst gibt es jedoch noch keine speziellen Unterlagen für die Topfobstkultur. Die in den Baumschulen verwendeten Unterlagen sind Unterlagen für den Erwerbsobstbau großen Stils, von denen nur die aus der schwach- bis mittelstark wachsenden Gruppe für Topfbäume geeignet sind.
Das gute Gedeihen, freudiges Wachsen, Blühen, Fruchten und die Lebensdauer jedes Baumes wird jedoch nicht nur von der verwendeten Unterlage, sondern auch von der aufgepfropften Sorte mitbeeinflußt. Hierbei ist naturgemäß der Einfluß der Unterlage stärker. Darum wird es von Interesse sein, das Wesentliche von den gegenseitigen Einflüssen, von den Wechselwirkungen, die zwischen den Veredlungspartnern (Unterlage – Edelsorte) bestehen, zu wissen. Nicht nur bei den Unterlagen, sondern auch bei den Sorten ist zwischen stark-, mittelstark und schwachwüchsigen Sorten zu unterscheiden. Bei den Äpfeln gelten beispielsweise die Sorten 'Boskoop', 'Gravensteiner' und 'Berlepsch' als starkwüchsig. 'Klarapfel', 'Cox Orange' und 'Goldparmäne' als mittelstark wüchsig und 'James Grieve', 'Idared' als schwachwüchsig.
Man merke sich: Starkwüchsige Unter-

Die Feige (Ficus carica) gehört zu den ältesten vom Menschen kultivierten Fruchtgehölzen.

lagen aus Apfel-, Birnen- und Süßkirschensämlingen sowie starkwüchsige Unterlagen aus vegetativer Vermehrung sind ungeeignet. Schwachwüchsige Unterlagen ergeben niedrige Baumformen mit kürzerer Lebensdauer. Weil alle in den Baumschulen verwendeten Unterlagen ohne Ausnahme Unterlagen für den Freilandobstbau sind und weil es für die Topfkultur noch keine für jede Obstart geeignete Unterlage gibt, bevorzuge man schwach- bis mittelstarkwüchsige Unterlagen.
Für den Apfelbaum haben sich M 9 ('Gelber Metzer Paradies') ebenso M 27 bestens bewährt. Die Bäume tragen sehr früh und reich. Die Früchte haben eine schöne Färbung und zeichnen sich auch durch einen guten Geschmack aus.
Für Birnen wählen wir die Quittenunterlage 'MA'. Obwohl sie nicht als schwachwüchsig zu bezeichnen ist, paßt sie sich den Pflanzgefäßen gut an. Fruchtqualität und Erträge werden bei gegenseitig unverträglichen Sorten wie 'Trevoux', 'Williams Christ', 'Clapps Liebling' und anderen durch Zwischenveredlung mit 'Pastorenbirne' oder 'Gellerts' günstig beeinflußt.

Unterlagen für Steinobstarten

Für Pflaumen, Mirabellen, Renekloden ist die 'St. Julien Pflaume' als Unterlage bestens geeignet. Es ist eine mittelstarkwüchsige Unterlage, die früh und dankbar tragende Bäumchen ergibt.
Neuerdings sind dazu französische Unterlagen-Selektionen, z.B. 'Pixy' und 'INRA St. Julien GF 655/2', im Gespräch. Sie erscheinen nach bisheriger Beobachtung ebenfalls für die Topfobstkultur geeignet.
Eine sehr gute Unterlage für den Pfirsich ist die 'Ackermann-Pflaume' auch 'Marunke' genannt. Auf dieser Unterlage wachsen die Pfirsichsorten nur mittelstark. Der Trieb schließt im Herbst mit gut ausgereiftem Holz frühzeitig ab. Die meisten kurzen Triebe sind mit Blütenknospen voll besetzt, die Voraussetzung für sichere Erträge.
Nektarinen, wegen ihrer glatten Fruchthaut auch »Nacktpfirsich« genannt, gedeihen ebenso wie der Pfirsich sehr gut auf der 'Ackermann-Pflaume'. Der Ertrag ist nicht immer wunschgemäß. Eine seinerzeit für die obengenannten Steinobstarten gebräuchliche Unterlage war die Schlehe *(Prunus spinosa)*. Mit dieser Unterlage erzielte man besonders mit Pfirsichsorten reichtragende, reizvolle Bäumchen für kleine Pflanzgefäße.
Als Unterlage für Süßkirschen gab es bisher nur die starkwüschsigen Vogelkirschensämlinge und die vegetativ vermehrbare Unterlage F 12/1. Die Suche nach schwachwüchsigen Kirschenunterlagen zeigt jetzt die ersten Erfolge. Die in der Forschungsanstalt East Malling gezüchtete Unterlage 'Colt' stammt aus der Kreuzung der Vogelkirsche *(Prunus avium)* mit der Scheinkirsche *(Prunus pseudocerasus)*. Die Unterlage 'Colt' wächst nahezu um die Hälfte schwächer als die Unterlage F 12/1. Der Wuchs ist mittelstark, die Verzweigung flach. Der Ertrag setzt früh ein.
Vielversprechende Unterlagen für Topfkirschen sind 'Weiroot'-Selektionen des Instituts für Obstbau der Technischen Universität München in Freising-Weihenstephan. 'Weiroot' ist die Bezeich-

Um sich die längere Anzucht von Weinreben zu ersparen, beschafft man sich in der Baumschule vorkultivierte »Topfreben«.

nung für Selektionen (Auslese), die von wildwachsenden, strauchartigen Sauerkirschen des Dillinger Raumes (Bayern) gemacht wurden.
Diese Unterlagen zeigen eine gewisse Frosthärte. Das Wachstum der aufveredelten Süßkirschen ist mittelstark bis schwach. Die Erträge setzen früh ein.

Unterlagen für Beerenobst-Stammformen

Während die Anzucht der Stachel- und Johannisbeerbüsche durch Steckhölzer, Abrisse und Ableger erfolgt, müssen Nieder-, Halb- und Hochstamm in Kronenhöhe auf Ribes-Unterlagen veredelt werden. Für Johannisbeeren wird die Goldjohannisbeere *(Ribes aureum)* verwendet.
Für Stachelbeerstämme haben sich die Wildstachelbeere *(Ribes divaricatum)*, ebenso die Gemeine Stachelbeere *(Ribes uva-crispa)* gut bewährt. Niederstämme (Fußstämmchen) können auch unveredelt durch Steckholz herangezogen werden. Vor dem Stecken werden alle am Steckholz befindlichen Augen, soweit sie in den Boden kommen, bis auf das oberste Auge vorsichtig ausgeschnitten, damit sich später keine Wurzelschößlinge bilden können. Der sich aus dem obersten Auge entwickelte Trieb muß 35 bis 40 cm unverzweigt bleiben. Mit den darüber sich bildenden Trieben wird dann eine lockere Krone aufgebaut.

Weinrebe und Feige

Weinreben bedürfen bis zur Ertragsfähigkeit einer längeren Vorkultur. Um

diese Wartezeit zu umgehen, beschafft man sich aus einer Baumschule Topfreben, die auf reblausfeste Unterlagen veredelt sind.
Die Schutz und Wärme beanspruchenden Feigen werden durch Steckholz, Stecklinge und Ableger vermehrt.

Erste Erfahrungen

Nach diesem Überblick über die Eignung der Obstarten und Veredlungsunterlagen für Topfbäume sollte man die ersten Versuche nur mit Apfelbäumchen machen. Nach den hierbei gemachten Erfahrungen kann man sich später auch an anderen Obstarten versuchen. Mit jedem neu hinzukommenden Bäumchen wird diese Topfobstkultur noch interessanter.

Eintopfen der Jungbäume

Zeitpunkt

Die beste Zeit zum Eintopfen der Jungbäume ist stets der Herbst, wenn das Laub zu fallen beginnt. Je nach Witterung schwankt dieser Zeitpunkt von Ende Oktober bis Ende November. Je eher man einpflanzt, desto schneller wurzelt das Bäumchen im Pflanzgefäß. Versäumt man im Herbst einzutopfen, kann man dies im zeitigen Frühjahr nachholen. Auch hier gilt der Grundsatz, je früher, desto vorteilhafter für die Wurzelbildung. Untersuchungen in dieser Richtung haben ergeben, daß nach dem Laubfall im Herbst mit dem Absinken der Bodentemperatur die Wurzeltätigkeit ruht. Beim Apfelbaum wäre dies bei einer Temperatur unter 4 bis 5 °C, beim Pflaumenbaum unter 2 bis 4 °C der Fall. Das Wachstum der Wurzelspitzen beginnt im Frühjahr etwa 8 Tage vor dem Schwellen der Knospen. Im Herbst eingetopfte Jungbäume zeigen im Sommer einen sichtbar besseren Trieb gegenüber den im Frühjahr eingepflanzten Bäumen.

Pflanzschnitt

Gesundes, gut bewurzeltes, mit kräftigem durchgehendem Mitteltrieb und reichlich Seitenholz versehenes Pflanzgut ist neben der Sorgfalt beim Pflanzen Voraussetzung für den angestrebten baldigen Ertragsbeginn. Bereits dem Pflanzschnitt fällt die Aufgabe zu, ein günstiges Stärkenverhältnis zwischen Mittelachse und Seitentrieben baldmöglichst herbeizuführen, so daß sich in der Folge die Krone ohne starke Eingriffe harmonisch aufbaut. Das Ausmaß des Pflanzschnitts soll dabei so gering wie möglich gehalten werden. Der in der Praxis unterschiedlichen Stärke und Verzweigung der Jungbäume hat sich der jeweilige Pflanzschnitt anzupassen.
Dabei werden die oberirdischen Pflanzenteile wie die Wurzeln in unterschiedlichem Umfang zurückgeschnitten.

Wurzelschnitt

Zuerst entfernen wir mit einem scharfen Messer alle trockenen, abgebrochenen Wurzeln und schneiden unter Schonung der Faserwurzeln nur die stärkeren Wurzeln, mit der Schnittfläche stets nach unten weisend, soweit zurück, daß dieselben ungefähr die gleiche Länge haben und mit den feineren Saugwurzeln ein abgerundetes Ganzes bilden. Die Faserwurzeln (Saugwurzeln) sind die eigentlichen Nährorgane des Baumes, die stets so wenig wie möglich beschnitten und nur an den Spitzen eingekürzt werden. Die stärkeren Wurzeln sollen nicht länger als 10 cm sein, weil sie sonst den Topfrand berühren und verhindern, daß der Stamm in die Mitte des Pflanzgefäßes zu stehen kommt.

Schnitt der Triebe

Das Bäumchen wird nur am vorjährigen Holz beschnitten und an den Seitentrieben vorerst auf 4 bis 5 Augen eingekürzt. Die Stammverlängerung (Mitteltrieb) wird bei austriebswilligen Apfelsorten wie ‘Cox Orange’, ‘Boskoop’ und anderen über dem 8. bis 10. Auge zurückgeschnitten.
Bei weniger austriebswilligen Sorten

Vor dem Eintopfen werden die Wurzeln zurückgeschnitten und gleichmäßig im Gefäß verteilt.

wie 'Klarapfel' oder 'Goldparmäne' kürzen wir den Mitteltrieb über dem 4. bis 6. Auge. Dadurch erreichen wir, daß alle Augen austreiben und keine Kahlstellen entstehen.

Der Mitteltrieb (Stammverlängerung) wird stets auf Zapfen geschnitten. Auf Zapfen schneiden bedeutet, daß man über dem zur Stammfortsetzung bestimmten Auge noch ein ungefähr 5 bis 6 cm langes Stück des Triebes stehen läßt und alle an diesem Teilstück vorhandenen Augen flach wegschneidet. An diesem Zapfen wird der aus dem oberen Auge sich entwickelnde Trieb mit einem Bastfaden senkrecht angebunden (angeheftet) und so vor dem Abbrechen geschützt. Sobald dieser junge Trieb verholzt ist, wird im Sommer der Zapfen dicht über seinem Ausgangspunkt glatt, aber vorsichtig weggeschnitten. Wer die Stammfortsetzung (Mitteltrieb) stets auf Zapfen schneidet, erhält ohne Verwendung von Hilfsstäben gerade wachsende Bäume. Im anderen Fall bekäme der Mitteltrieb durch Winddruck eine schräge Richtung (s. Abb. Seite 64).

Eintopfen

Nach dem Pflanzschnitt werden die Bäumchen zunächst in Töpfe, deren

Die Erde wird so hoch in das Gefäß gefüllt, daß die oberen Wurzeln etwa 2 bis 3 cm bedeckt sind.

oberer Rand einen Durchmesser von 30 cm haben sollte, eingetopft. Die im Gefäßboden befindlichen Abzugslöcher werden mit größeren Topfscherben abgedeckt. Danach wird das Gefäß etwa zu $^{1}/_{3}$ mit abgelagerter, aber ungesiebter Erde gefüllt. Das Bäumchen wird so in das Pflanzgefäß gesetzt, daß die Wurzeln gleichmäßig nach allen Seiten verteilt und die oberen Wurzeln noch 2 bis 3 cm mit Erde bedeckt sind. Dabei ist zu beachten, daß nach dem Auffüllen sämtlicher Erde noch ein 2 cm hoher Gießrand verbleibt. Im Sommer läßt man das Topfobstbäumchen ungehindert wachsen, beachtet aber die weiteren in dieser Anleitung gegebenen Hinweise.

Pflanzgefäße

Als Pflanzgefäße eignen sich Tontöpfe, Kunststoffgefäße oder auch verzinkte Drahtkörbe. Für das Gedeihen der Bäumchen ist es aber ohne Bedeutung, aus welchem Material die Gefäße gefertigt sind. Von Entscheidung ist deren Lebensdauer und Anschaffungspreis.

Tongefäße

Für das erstmalige Einpflanzen sind Tontöpfe mit einer lichten Weite von 25 bis 30 cm am besten geeignet. Erst wenn diese nach 2 bis 3 Jahren durchwurzelt sind, werden die Bäumchen in etwas

Beim Einfüllen der Erde ist darauf zu achten, daß ein 2 cm hoher Gießrand freibleibt.

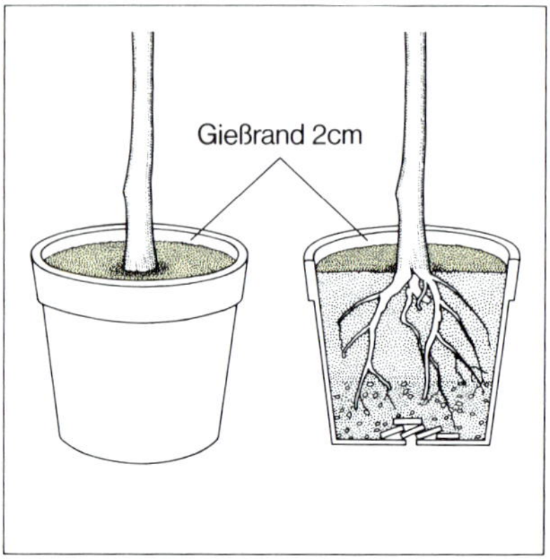

Die im Handel teuren Holzgefäße lassen sich mit etwas Geschick auch selbst herstellen.

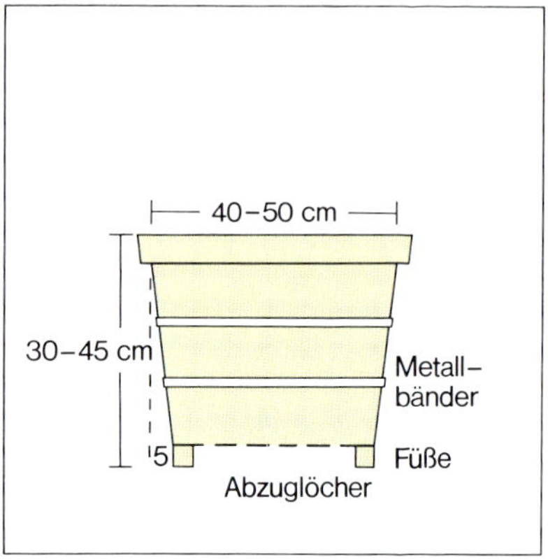

größere Gefäße umgetopft. Das Gefäß soll so groß sein, daß die beschnittenen Wurzeln nach allen Seiten Platz haben, ohne den Topfrand zu berühren. Besonders die stärkeren Wurzeln müssen einige Zentimeter Abstand vom Topfrand haben.

Die Stabilität der Tontöpfe verbessert man, indem ein verzinkter Draht fest um den oberen Topfrand herumgebunden wird. Je nach Topfgröße werden zu dem im Topfboden befindlichen Wasserabzugsloch zusätzlich noch 3 bis 4 Löcher von 2 bis 3 cm Durchmesser vorsichtig (Bruchgefahr) ausgebohrt. Neue, ungebrauchte Tontöpfe werden vor der Benutzung einige Stunden zum Auswaschen etwaiger vorhandener Säuren und damit sie sich vollsaugen ins Wasser gelegt.

Kunststoffbehälter (Container)

Verschiedene Hersteller bieten große, in sich stabile Gefäße an, die auch für die Topfobstkultur geeignet sind. Es gibt äußerlich relativ geschmackvoll gestaltete Pflanztröge. Aber auch die einfachen, meist schwarz oder blau eingefärbten Behälter, die man relativ preiswert erwerben kann, sind für unsere Zwecke geeignet. Man sollte in die Bodenfläche einige Löcher als Wasserabzug bohren. Der optische Eindruck läßt sich durch eine leichte Holzkonstruktion um dieses Gefäß verbessern.

Drahtkörbe

Im Garten haben sich verzinkte Drahtkörbe mit einem oberen Durchmesser bis zu 40 cm bestens bewährt. Bis zur Höhe des Gießrandes in den Erdboden gesenkt, können die Wurzeln durch den Drahtkorb hindurchwachsen und aus dem umliegenden Erdreich zusätzliche Nahrung und Feuchtigkeit aufnehmen. Auch für die Balkon- und Terrassenbäumchen sind Drahtkörbe sehr gut geeignet. Nur müssen dann die Bäumchen

Ob Kunststoffgefäß, Tontopf oder Holzkübel (von links), für das Gedeihen der Topfobstbäumchen ist das Material ohne Belang.

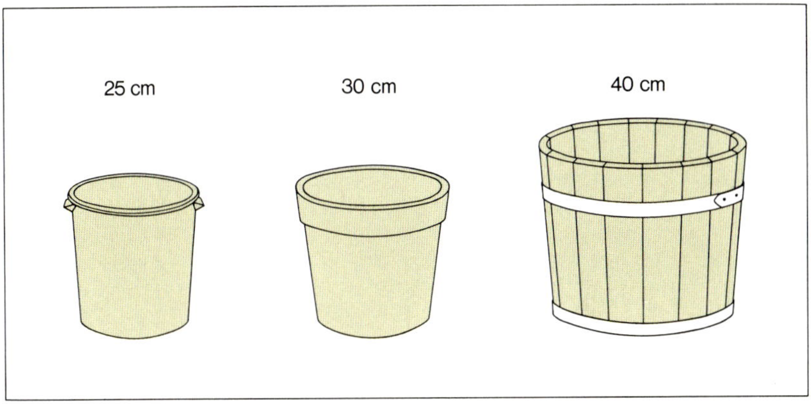

in ein Übergefäß hineingestellt werden, dessen Zwischenraum mit Torfmull ausgefüllt wird. Die Pflanzgefäße sollten keiner starken Sonnenbestrahlung ausgesetzt werden.

Holzgefäße

Wenn die Bäumchen größer werden und Gefäße mit einem oberen Durchmesser von 40 bis 50 cm benötigen, wird man mit Vorteil Pflanzkästen benutzen. Diese lassen sich gegebenenfalls auch selbst anfertigen. Dazu nimmt man bis 3 cm dicke Tannenholzbretter und fertigt daraus viereckige Kästen mit einer oberen Weite von 40 bis 50 cm und einer Höhe von 30 bis 45 cm. Die Kästen sollten sich nach unten um 5 cm verengen. Der Boden wird mit 5 großen Löchern versehen. An die oberen äußeren Kanten der Seitenwände nagelt man starke Leisten, die den Kasten gut zusammenhalten und das Heben erleichtern. Unterhalb dieser Leisten können noch metallene Bänder angebracht werden, um die Dauerhaftigkeit und Stabilität der Kästen zu erhöhen. An die 4 unteren Ecken nagelt man 4 cm dicke Klötze, damit die Luft auch vom Boden Zutritt hat und das Holz unten vor Fäulnis geschützt ist.

Zum besseren Transport der Kästen befestigt man in der oberen Hälfte zweier Seitenwände 2 Griffe aus Seilen, welche billig und dauerhaft sind und beim Zusammenrücken der Kästen im Überwinterungsraum keinen Platz wegnehmen.

Die Lebensdauer der Holzkästen wird erheblich verbessert, wenn imprägnierte Bretter verwendet werden. Am haltbarsten sind Hölzer, die im Kesselhochdruckverfahren imprägniert worden sind. Ein anderes Verfahren ist die Kreosotierung, d.h. eine Imprägnierung mit Teeröl.

Alle in Holzkübeln stehenden Bäumchen soll man nicht wie Tontöpfe und Kunststoffgefäße im Sommer in den Bo-

Wer den Anblick von Kunststoff- oder Tongefäßen nicht liebt, verwendet einen dekorativen Übertopf.

den einsenken, sondern zur Schonung des Holzes stets frei aufstellen.
In der Anschaffung sind selbst angefertigte Kästen am billigsten; es folgen Tontöpfe und Kunststoffgefäße. Am teuersten sind käufliche Holzgefäße.

Erdmischung

Die Erde ist der Nährboden für die Pflanze. So unterschiedlich die Pflanzenwelt in ihren Arten ist, so unterschiedlich sind auch ihre Ansprüche an den Nährboden. Die Kernobstarten Apfel und Birne bevorzugen leicht sauren, lehmigen Boden. Steinobstarten wie Pflaume, Kirsche, Pfirsich und Nektarine dagegen mehr kalkhaltige, sandiglehmige Böden. Weil die Erde in den Pflanzgefäßen nicht zu schnell austrocknen soll, muß sie lehmhaltig sein.
Der Hauptbestandteil der Topferde sollte aus Grassoden von lehmigen Wiesen bestehen. Zur Gewinnung einer guten Topferde legt man die Soden mit der Grasseite nach unten übereinander und sticht diesen Haufen mehrmals um, dann entsteht nach 1, besser nach 2 Jahren eine vorzügliche Erde. Fehlt diese Lehmerde, die etwa die Hälfte der Topferde ausmachen sollte, dann entnimmt man von humosem Gartenboden den obersten Spatenstich (roher Lehm aus unteren Bodenschichten ist wertlos) und stellt eine Erdmischung aus folgenden Bestandteilen zusammen:

50 % Gartenerde,
25 % gut abgelagerte Komposterde,
25 % TKS 2, eine pflanzfertige Erdmischung aus Torfmull und Dünger, die käuflich erhältlich ist.

Topfobstbäumchen sollte man in der Regel geschützter überwintern.

Trotzdem überstehen sie meist auch derartige Bedingungen.

Dazu geben wir zerkleinerte Holzkohle, etwas Thomasmehl und gewaschenen Sand. Das Ganze wird mehrmals mit der Schaufel gemischt, bis zum Verbrauch an einem schattigen Platz gelagert und ungesiebt verwendet. Feinkörnige Erde verdichtet sich sehr bald im Pflanzgefäß, die Luftzufuhr zu den Wurzeln ist behindert, der Boden versauert.

Wer nur einige Bäumchen halten kann und keine Möglichkeit hat, einen Vorrat dieser Erdmischung herzustellen und zu lagern, kann sich aus der überall angebotenen Blumenerde in Verbindung mit TKS 2, Knochenmehl und Thomasmehl die erforderliche Pflanzerde zusammenstellen.

Geeignet sind auch die fertigen Erdmischungen mit hohem Tonanteil, die für Dachgärten angeboten werden. Sie enthalten meist bereits Langzeitdünger, d.h., die Nährstoffe werden bei jedem Bewässern langsam über einen Zeitraum von 8 bis 9 Wochen abgegeben. Dadurch erübrigen sich die regelmäßigen Düngergaben, die sonst alle 1 bis 2 Wochen notwendig wären.

Überwinterung der Topfbäume

Obwohl die meisten Kern- und Steinobstarten in unseren klimatischen Gegebenheiten winterhart sind, sollte man dessen ungeachtet die Wurzeln in den Pflanzgefäßen vorsorglich vor starken Winterfrösten schützen. Damit sollte man im Herbst nicht zu lange warten. Der Zeitpunkt ist gekommen, wenn das Laub fällt.

Im Garten

Wer in seinem Garten ein Häuschen oder einen Geräteschuppen stehen hat, kann einige Bäumchen an der windgeschützten Seite überwintern. Man hebt dabei einen mindestens 30 cm tiefen Graben aus und stellt die Bäumchen locker nebeneinander hinein. Anschließend werden sie gründlich gewässert und der Graben mit dem größten Teil der ausgehobenen Erde wieder gefüllt. Sobald die ersten Nachtfröste einsetzen, verteilt man den restlichen Erdaushub so, daß die Pflanzgefäße mindestens 20 bis 25 cm mit Erde bedeckt sind.

Zusätzlich kann man besonders schutzbedürftige Obstarten wie Pfirsiche, Nektarinen und Reben mit Hilfe eines schräg vom Dach abfallenden, leichten Stangengerüst und darüber gelegtem Fichtenreisig abdecken. Dies ist zugleich auch ein Schutz gegen Wildschaden.

Für die in Holzkübeln wurzelnden Bäume, die man nicht wie die in Tontöpfen, Kunststoffgefäßen und Drahtkörben stehenden bis zum Gießrand in den Erdboden einsenkt, ist die freie Südseite des Gartenhauses ein idealer Überwinterungsplatz. Man baut sich aus Dachlatten und Brettern ein provisorisches Vordach, das mit Folie abgedeckt wird. Für die Verbindung der Dachlatten gibt es Steckverbinder, die vom Gartenbedarfshandel bezogen werden können. Die Vorderseite und die Seitenteile des Vorbaus erhalten Plastikfenster, die an sonnigen Tagen zur Lüftung geöffnet oder abgenommen werden können.

In diesem Raum werden die Topfbäume in lockerem Abstand auf den Boden

gestellt. Auch hier werden die Bäume gründlich gewässert, die Gefäße mit reichlich Torfmull abgedeckt und die Bäume vorsorglich mit einem Fungizid gespritzt, das gegen das Eindringen von Pilzkrankheiten in die noch nicht vernarbten Wunden, die durch den Laubfall entstanden sind, wirksam ist.
Alle in derartigen oder ähnlichen Überwinterungsräumen befindlichen Bäume verbleiben dort, bis die kalten Tage im Mai vorüber sind. Sie werden erst dann am vorgesehenen Sommerstandort aufgestellt. Während dieser Zeit werden die Bäumchen nach Bedarf bewässert. Bei fortschreitender Vegetation ist an trockenen, regenlosen Tagen ein Abspritzen der Bäume mit Wasser von Vorteil. Ein nicht zu starker Wasserstrahl gegen die Triebspitzen vertreibt schon vorhandene Blättläuse.
Sicherer ist allerdings, die Überwinterungsformen von Schadinsekten, z.B. von Blattläusen, Roter Spinne, Schildläusen u.a. kurz vor dem Austrieb, d.h. im »Mausohrstadium«, mit einem Austriebsspritzmittel zu bekämpfen.

Auf Balkon und Terrasse

Der Winterschutz für Balkon-, Terrassen- und Dachgartenbäume richtet sich nach den gegebenen Möglichkeiten. Sind keine für diese Bäume geeigneten Überwinterungsräume vorhanden, d.h. frostfreie, luftige, trockene Keller oder ähnliche Räume, dann rückt man die Bäume an ihrem Standort näher zusammen. Vorher breitet man an diesem Platz eine ausreichend große Plastikfolie aus, auf der die Bäume in lockerem Abstand plaziert werden. Dann werden dieselben gründlich gewässert und die Pflanzgefäße reichlich mit Torfmull abgedeckt. Auch hier sind Pflanzenschutzmaßnahmen – wie für den Garten bereits beschrieben – im Herbst und im zeitigen Frühjahr durchzuführen.

Frühjahrsbehandlung

Sobald sich die Vegetation im Frühjahr regt, werden etwa Mitte März (in rauhen Lagen etwas später) die im Freiland überwinterten Bäume aus dem Einschlag genommen und gesäubert. Gebrochene Triebe schneidet man ab und stellt die Bäume vorerst an einen geschützten Platz. Die in Kellern und anderen Räumen untergebrachten Bäume werden ebenfalls an die frische Luft gebracht.

Schutzmaßnahmen

Das Wetter ist um diese Jahreszeit noch unbeständig. Demzufolge müssen die Bäume nicht nur am Tag gegen zu starke Sonneneinstrahlung, sondern auch nachts gegen plötzlich eintretende Kälte geschützt werden. Hierzu errichten wir über die jetzt im Freien stehenden Bäume ein leichtes Holzgestell, das mit Sackleinen, Zeltplanen, Matten oder dergleichen überrollt werden kann. Mit diesen Maßnahmen begegnen wir Schäden, die ein starker Platzregen, plötzlich einsetzende Fröste, die Sonne oder Hagel an unseren Topfbäumen anrichten können. Die im Freien stehenden Obstbäume sind solchen Witterungsunbilden schutzlos ausgesetzt. In oftmals weniger als einer halben Stunden können alle Bemühungen um eine gute Ernte

Etwa ab Mitte März werden die Topfobstbäumchen aus dem Winterquartier geholt (links) und z.B. samt Topf im Garten eingesenkt (unten).

schon im Ansatz vernichtet werden oder Schäden an den Topfobstbäumen entstehen, die nur langsam wieder zu beheben sind.
Bäumchen, die sich in Überwinterungsquartieren befinden, wie sie auf Seite 34 für den Garten beschrieben wurden, bleiben dort, bis die kalten Tage im Mai vorbei sind. Zu beachten ist in dieser Zeit, daß der Bienenflug nicht behindert wird.

Wahl des Sommerstandorts

Ist der kritische Zeitpunkt der Blüte vorüber und der Fruchtansatz sichtbar, schaffen wir die Bäume an den für sie bestimmten, geschützten, sonnigen Sommerstandort. Der Raum zwischen den einzelnen Bäumchen sollte mindestens 50 cm betragen. Der Abstand von Stamm zu Stamm aber das Doppelte.
Nachdem das Erdreich, in dem die Topfbäume stehen sollen, tief umgegraben und geebnet ist, werden die Töpfe bis zur Höhe des Gießrandes eingesenkt. Sie werden dann von der Sonne nicht so stark erwärmt, trocknen nicht so schnell aus und können vom Wind nicht umgestoßen werden.
Eine zu empfehlende Art der Aufstellung ist, die Bäume zu beiden oder nur auf einer Seite des Gartenweges zu pla-

zieren. Wir haben damit eine sogenannte Rabatte, die mit niedrigen Blütenstau-den,BlumenzwiebelnundSommerblumen bepflanzt auch dem kleinsten Garten ein bestimmtes Gepräge gibt.
Ebenso kann man Topfbäumchen auf einem nach Süden abfallenden Gartengelände in kleineren oder größeren Terrassen schön plazieren. Man setzt die Bäume sauber ausgerichtet im Dreiecksverband, so daß die größeren Bäume hinten und die kleineren Bäume vorne stehen. Der Abstand wird so bemessen, daß alle erforderlichen Pflegemaßnahmen an den Bäumen ungehindert ausgeführt werden können.
Die Bäume in großen Pflanzgefäßen (Holzkübel, Holzkasten, Kunststoffbehälter) eignen sich besonders zur Begrünung und Ausschmückung von Balkonen, geschützten sonnigen Terrassen, Dach- und Vorgärten oder lassen sich auch an beiden Seiten des Hauseingangs aufstellen.

Sommerbehandlung

Alle im Laufe der Vegetationszeit vorzunehmenden Pflegemaßnahmen, insbesondere Düngung und Schnitt, dienen dazu, den Bäumen eine gefällige, gleichmäßig entwickelte Baumform zu geben und an den Nebenästen eine möglichst gleichmäßige Garnierung mit gut entwickeltem, kräftigem Fruchtholz zu bewirken.

Gießen

Die Erde in den Pflanzgefäßen soll nie zu trocken werden. Wassermangel hemmt das Wachstum und bewirkt zusätzlichen Fruchtfall.
Bekanntlich trocknen Sandböden schneller aus als Lehmböden. Darum wurde bei der Zusammenstellung der Pflanzerde besonders auf eine nährstoffreiche, lehmhaltige Erdmischung Wert gelegt. Man muß bedenken, daß in Pflanzgefäßen stehende Bäume nicht wie die im freien Land wurzelnden ihre fehlende Feuchtigkeit aus dem umliegenden Erdreich ergänzen können.
Bei fortschreitendem Wachstum steigert sich der Wasser- und Nährstoffbedarf. Darum wird man die Bäume möglichst abends durchdringend mit abgestandenem Wasser nachwässern. Nach sehr trockenen und warmen Tagen sollten die Bäume mit dem Wasserschlauch abgespritzt werden. Dabei werden auch etwa vorhandene Blattläuse abgewaschen. Wenn es erforderlich sein sollte, kann man auch den Erdboden neben dem Pflanzgefäß mitbewässern. Anschließend wird die bewässerte Außenfläche und der Gießrand der Gefäße gegen zu schnelle Verdunstung des Wassers mit Torfmull abgedeckt. Durch das Abspritzen der Topfbäume in der ersten Hälfte der Fruchtentwicklung wird das gesamte Wachstum der Bäume und der Früchte bestens gefördert.

Tropfbewässerung

Die Wasserversorgung der Topfobstbäume kann auch über die sogenannte Tropfbewässerung erfolgen. Dafür stehen verschiedene Systeme zur Verfügung. Es gibt Einrohrsysteme wie »Agrodrip«, die in verschiedenen Abständen Wasseraustrittsöffnungen aufweisen, und sogenannte Kapillarschlauchsysteme wie »Steva«, »Volmatic« oder das »HB-System«.
In den meisten Fällen muß die Bewässerungsanlage im »Do it yourself«-Verfahren für die eigenen Bedürfnisse zusammengebastelt werden. Von einigen Firmen werden auch schon Bausätze oder Sets angeboten.
Der Verteilerschlauch aus PE (Polyäthylen) mit einem Innendurchmesser von 6 mm wird hinter den Topfobstbäumen verlegt. Mit einer Lochzange oder Lochdorn werden gleichlange Tropfschläuche (Innendurchmesser 1 mm) in die Verteilerleitung eingesetzt. Für einen Topf genügen 2 bis 3 Tropfschläuche. Diese werden mit einem Haltestäbchen gleichmäßig verteilt, so daß das Wasser nicht direkt auf den Wurzelhals des Baumes trifft.
Voraussetzung für die Installation einer Tropfbewässerung ist allerdings ein Wasseranschluß (belüfteter Wasserhahn). Daneben ist eine Druckminderung vorzusehen, die auf Werte zwischen 0,5

Die Erde in den Pflanzgefäßen darf nie(!) zu trocken werden, deshalb muß regelmäßig gegossen werden.

und 1,0 bar reduziert. Günstig ist auch der Einbau eines Filtereinsatzes.
Für eine normale Befeuchtung sind 5 bis 10 Minuten voll ausreichend.
Wenn kein Anschluß an die Wasserleitung zur Verfügung steht, kann auch mit einem genügend großen Wasserbehälter, der von Zeit zu Zeit nachgefüllt werden muß, die Wasserzufuhr geregelt werden (nach Deiser 1984).

Tropfbewässerung mit Feuchtefühler

Für eine Automatisierung des Gießvorganges ist der Einsatz von Tensioschaltern oder Feuchtefühlern notwendig. Solche Geräte können die Bodenfeuchte messen und danach entsprechend gießen. Neben der Tropfbewässerung mit Wasseranschluß ist dafür ein Stromanschluß notwendig. Schaltgeräte (Bewässerungsautomat), Magnetventil und Feuchtefühler ergänzen die Anlage. Geeignete Bewässerungsautomaten (programmierbar und mikroprozessorgesteuert) sind kostengünstig im Handel erhältlich.
Auf den ersten Blick mögen die zuletzt geschilderten Systeme ziemlich aufwendig erscheinen. Doch können die Vorteile, die sich dem Hobby-Obstbauer damit bieten, den technischen und finanziellen Aufwand bestimmt rechtfertigen (nach Deiser 1984).

Wie schlecht mangel- bzw. fehlerhaft gedüngte Topfobstbäume blühen, demonstriert der Ernährungsversuch mit der Birnensorte 'Birne von Tongeren': (von links) ungedüngt, ohne Stickstoff, ohne Phosphor, ohne Kalium. Der rechte Baum ist optimal ernährt.

Düngung

Zum Aufbau der Pflanze sind 16 Nährstoffe erforderlich. Drei davon stammen aus Luft und Wasser: Kohlenstoff (C), Sauerstoff (O), Wasserstoff (H); die übrigen kommen normalerweise aus dem Boden.
So verschieden die Anforderungen der Obstarten und Sorten an den Boden sind, so unterschiedlich sind auch ihre Ansprüche an die Hauptnährstoffe Stickstoff, Kali, Phosphor, Kalk und Magnesium. Stehen der Pflanze diese Nährstoffe nicht in dem Umfang zur Verfügung, wie sie diese in ihren Wachstumsphasen benötigt, richtet sich ihre Entwicklung nach dem Nährstoff, der im Verhältnis zu den anderen Nährstoffen in geringster Menge vorhanden ist. Nährstoffmangel im Boden beeinträchtigt nicht nur das Wachstum der Pflanzen. Sie beginnen auch mehr oder weniger zu kränkeln und sind dadurch anfälliger für Krankheiten und Schädlinge. Schon vor über 150 Jahren hat der deutsche Forscher Justus von Liebig diese Zusammenhänge erkannt und im »Gesetz des Minimums« dargestellt. Auch heute hat dies noch für die Düngung unserer Zier- und Nutzpflanzen seine volle Bedeutung. Für den Gartenfreund eröffnet sich hier ein interessantes Versuchsfeld, bei dem mit verschiedenen Düngern, z.B. Mineraldüngern oder organischen Düngemitteln, und mit einigen Topfbäumchen Vergleichsversuche vorgenommen werden können.
Zur Beantwortung der immer wieder gestellten Frage, welche Düngemittel zu verwenden sind und wie Topfobstbäume gedüngt werden sollen, folgt eine kurzgefaßte Übersicht über das Wesentliche handelsüblicher Mineraldünger und deren Einflüsse auf das Wachstum der Pflanzen.

Hauptnährstoffe

Stickstoff in Form von Salpeter (Kaliumnitrat) und Ammoniakstickstoff fördert den Gesamtaufbau der Topfobstbäume und begünstigt ein üppiges, flottes Wachstum. Da sich dieses mitunter bis weit in den Herbst hinein erstreckt und den rechtzeitigen Triebabschluß verzögert, wird man ab August keine stickstoffhaltigen Düngemittel mehr geben.
Stickstoffüberschuß wird auch durch blaugrüne Farbe der Blätter, Reifeverzögerung, Verweichlichung des Gewebes (Anfälligkeit gegenüber Krankheits-und Schädlingsbefall, schlechte Haltbarkeit der Früchte im Lager) sowie ungünstige Geschmacksbeeinflussung offenkundig. Auch die »Stippigkeit« des Apfels wird oftmals durch eine Stickstoffüberdüngung gefördert.
Kalium fördert die innere Struktur der Bäume, festigt das Zellengewebe und steigert den Stärke- und Zuckergehalt im Organismus. Die gut entwickelten Blätter zeigen eine glänzende, dunkelgrüne Färbung und haben eine gewisse Abwehrfähigkeit gegen saugende Insekten (Blatt- und Blutläuse).
Phosphor begünstigt die Blühwilligkeit und Samenbildung, fördert die Fruchtentwicklung und das Ausreifen des Holzes, steigert den Wohlgeschmack und die Lagerfähigkeit der Früchte.
Kalk ist unerläßlich für die Gesunderhaltung des Bodens, indem er die Bo-

densäuren neutralisiert und die Rohnährstoffe für die Saugwurzeln der Pflanze aufnahmefähiger macht.
Der Säuregehalt des Bodens wird als pH-Wert ausgedrückt. Die meisten Obstarten bevorzugen schwachsaure Böden mit dem pH-Wert 6,0 bis 6,5. Ein neutraler Boden hat den pH-Wert von etwa 7,0. Der pH-Wert stark saurer Böden liegt unter 5,0. Durch gezielte Kalkgaben kann der pH-Wert geändert und die Gesundung der Böden herbeigeführt werden.
Magnesium ist in allen grünen Teilen der Pflanze enthalten und vornehmlich am Aufbau des Chlorophylls, dem Blattgrün, beteiligt.

Mangelerscheinungen

Starker Mangel an einem Nährstoff im Boden zeigt sich meist an den Blättern und Früchten. Bei Stickstoffmangel werden die Blätter heller, die Früchte bleiben klein. Bei Kalimangel färben sich die Blätter vom Rande her braun und sterben ab. Die Früchte sind geschmacklos und wenig gefärbt. Die Holzreife ist gering. Bei Phosphorsäuremangel sind Blattverfärbungen häufig, die Früchte reifen nicht aus.
Magnesiummangel zeigt sich an Aufhellungen der Blattflächen zwischen den Blattrippen und die Blätter der Jahrestriebe beginnen von unten her abzufallen. Sollten sich bei den Topfobstbäumen Mangelschäden zeigen, lassen sich diese durch die sogenannte Blattdüngung mildern und beheben.

Das Bodenleben

Für die Erhaltung der Bodenfruchtbarkeit und die Wirksamkeit der Düngung sind die im Boden befindlichen Kleinlebewesen, insbesondere die Bodenbakterien, von großer Bedeutung. Bodenbakterien haben zum Teil die Fähigkeit,

pflanzliche und tierische Eiweißstoffe zersetzen zu können oder, wie die Bakterienart *Azotobacter*, den freien Stickstoff in der Luft sowie organisch und anorganisch gebundenen Stickstoff verwerten zu können. Sie sind eine wichtige Stickstoffquelle für die Pflanze. Andere Bakterien zersetzen die Zellulose und wirken bei der Humusbildung mit. Alle Bodenbakterien benötigen nährstoffreichen, humosen Boden. Auf sauren, verdichteten Böden läßt die Tätigkeit nach.

Bodenanalyse

Wer es ganz genau nehmen will, kann die Entscheidung über eine Düngung und die Höhe der Nährstoffgabe vom Ergebnis einer Bodenuntersuchung abhängig machen. Man entnimmt dafür von der Topferde eine Mischprobe und sendet sie an eine landwirtschaftliche Untersuchungsanstalt. Dort wird der Gehalt an Stickstoff, Phosphor, Kalium, Magnesium und Kalzium festgestellt und der Düngerbedarf ermittelt.

Praxis der Düngung

Da sich in humus- und nährstoffarmen Böden das Bakterienleben nicht entwickeln kann, ist die Anreicherung der Pflanzerde mit organischen Düngemitteln und mit Mineraldüngern unerläßlich. Im Freiland-Obstbau werden die Aufgaben und Fähigkeiten der Bodenbakterien meist durch eine Flächendüngung mit organischen Düngemitteln wie Stallmist, Kompost, Gründüngung und zusätzlich gegebenem Mineraldüngern in Form von Einzeldüngern und Volldüngern weitgehend gefördert.
In der Topfobstkultur beginnt die Düngung bereits mit dem erstmaligen Eintopfen der Jungbäume (s. Abschnitt »Erdmischung«, Seite 33) sowie der Zusammenstellung und der rechtzeitigen

Die auf Seite 43 beschriebene 'Birne von Tongeren' im belaubten Zustand.

Auch das Laub zeigt entsprechende Mangelerscheinungen.

Bereitstellung einer später zu verwendenden »Umtopferde«. Ob diese Rohnährstoffe von einem handelsüblichen Mineraldünger oder aus einer organischen Quelle stammen, ist ohne Bedeutung. Wenn sie erst einmal von der Bodenfeuchtigkeit aufgelöst und von Bodenbakterien umgewandelt sind, ergibt sich die gleiche Form die zur Aufnahme über die Saugwurzeln der Pflanzen führt und es bestehen keine Unterschiede mehr.

Man merke sich: Nur mit einer sorgfältig durchdachten Zusammenstellung der Erdmischung können sich Topfobstbäumchen nach unseren Wünschen entwickeln. Durch die Verwendung humushaltiger, nährstoffreicher Erdmischungen beim erstmaligen Eintopfen der Jungbäume ist vorerst eine Düngung nicht erforderlich. Durch den Pflanzschnitt, insbesondere den Rückschnitt der Wurzeln, ist das Bäumchen bis zur Bildung neuer Wurzeln nicht in der Lage, im Pflanzgefäß vorhandene Nährstoffe zu nutzen.

Erst nach 5 bis 6 Wochen können gelegentliche Dunggüsse mit im Wasserfaß vergorenem Horn- oder Knochenmehl gegebenenfalls verdünnt gegeben werden. Im 2. Jahr nach dem Eintopfen kann dann eine wöchentliche Nachdüngung mit in Wasser aufgelöstem Mineralvolldünger (10 g/10 l Wasser) einsetzen. Hierfür stehen sogenannte Volldünger zur Verfügung, die in unterschiedlicher Zusammensetzung neben den Hauptnährstoffen Stickstoff, Phosphor, Kali, Magnesium wichtige Spurenelemente enthalten (Mangan, Kupfer, Bor, Zink, Kobalt). Für den Einsatz im Obstbau verdienen die den Vorzug, die das Kali in Sulfatform enthalten. Das sind in Deutschland die mit dem Zusatz »blau« bezeichneten Volldünger. Verwendet werden können auch die sogenannten Langzeitdünger (s. auch Seite 34).

Blattdüngung

Normalerweise werden die Nährstoffe von den Wurzeln aufgenommen. Die Blätter haben aber auch ein gutes Aufnahmevermögen für die verschiedensten Elemente. Ihre Bedeutung erlangen Nährstoffspritzungen auf die Blätter dadurch, daß sie oft schneller und besser als die Bodendüngung wirken. Mit ihrer Hilfe kann man oftmals die individuellen Befürfnisse der Bäume besser befriedigen als durch eine Bodendüngung.

Manchmal stellt die Blattdüngung sogar die einzige Maßnahme zur Behebung eines Nährstoffmangels dar, weil Probleme, die bei der Düngung über den Boden zu Schwierigkeiten in der Nährstoffversorgung der Obstgewächse führen – z. B. Löslichkeit der Dünger, ihre Verteilung im Boden, Nährstoff-Festlegung – automatisch entfallen.

Insgesamt muß aber festgestellt werden, daß der Blattdüngung nur begrenzte praktische Bedeutung zukommt, weil für die Deckung des gesamten Nährstoffbedarfs der Pflanze eine sehr große Zahl von Spritzungen notwendig wäre. Für Topf- und Kübelbäume mit starkem Fruchtansatz sind jedoch zusätzliche mehrmalige Spritzungen mit sogenannten Blattdüngern sehr zu empfehlen. Blattdünger wie Hakaphos perfekt, BASF 34 und andere sind flüssige Dün-

So schön können Apfelbäumchen im Topf blühen.

ger und können gegebenenfalls auch mit Pflanzenschutz-Spritzmitteln gemischt werden. Die im Blattdünger enthaltenen Nährstoffe sind wertvolle Zusätze zu den in der Pflanzerde gegebenen Hauptnährstoffen. Man beginnt mit der Blattdüngung nach der Blüte und stellt nach 3-, höchstens 4maliger Anwendung 3 Wochen vor dem Pflücken weitere Spritzungen ein. Um etwaige Blattverbrennungen durch starke Sonneneinwirkung zu vermeiden, sollte man Spritzungen nur bei bedecktem Himmel oder in den Abendstunden durchführen.

Pflanzenschutz

Feststeht, daß unsere Obst- und Gemüsegärten äußerst komplizierte Gefüge aus Pflanzen und Tieren sind. Man kann heute keinesfalls mehr von einem natürlichen Gleichgewicht zwischen den verschiedenen Lebewesen sprechen. Trotzdem müssen bei der Bekämpfung von Krankheiten und Schädlingen die natürlichen Lebensprozesse im Vordergrund stehen.
Dem aufmerksamen Beobachter wird auffallen, daß in der freien Natur bei schlecht ernährten und unter Schattendruck stehenden Pflanzen die Widerstandsfähigkeit nachläßt und sie demzufolge am ehesten von Krankheiten und tierischen Schädlingen befallen werden. Aufmerksame Pflege, sachgemäße Ernährung, zweckdienlicher Baumschnitt sind darum bei Topfobstbäumen die sichersten Maßnahmen gegen Krankheiten und Schadinsekten. Es sei denn, daß diese von in der Nähe befindlichen ungepflegten Obstgehölzen übertragen werden.
Erfahrungsgemäß ist das Auftreten von Krankheiten und Schädlingen gleich welcher Art durch Witterungseinflüsse bedingt und von Jahr zu Jahr gewissen Schwankungen unterworfen. Demzufolge ist die Bekämpfung bzw. Abwehr nach Kalenderdaten nicht möglich. Deshalb empfiehlt es sich, die von den Pflanzenschutzämtern bekannt gegebenen Warnmeldungen zu beachten und die Hinweise der örtlichen Beratungsstellen, insbesondere für geeignete Bekämpfungsmittel, zu nutzen. Es gibt eine Reihe guter Werke, in denen der Pflanzenschutz eingehend behandelt und dem Unkundigen wertvolle Hinweise gegeben werden.

Pflanzenschutzmittel

Pflanzenschutzmittel sind chemische oder biologische Produkte mit in der Praxis erprobten Wirkstoffkombinationen gegen Krankheiten und Schadinsekten. Sie werden von der biologischen Bundesanstalt für Land- und Forstwirtschaft geprüft und zugelassen. Bei der Verwendung chemischer Bekämpfungsmittel müssen die an den Packungen beigegebenen Hinweise unbedingt beachtet werden, um Schaden für Mensch und Tier zu vermeiden.
Letzteres gilt besonders für die Bienen. Kein anderes Insekt ist nach Körperbau und Verhalten so gut für die Pollenübertragung in Obstgehölzen geeignet wie die Honigbiene. Sie zu schützen ist für den Obstbau eine Produktionshilfe, für die man nicht einmal etwas tun muß, außer sich an die Bestimmungen der

»Verordnung zum Schutze der Bienen vor Gefahren durch Pflanzenschutzmittel« zu halten.
Bienengefährliche Pflanzenschutzmittel dürfen nicht an blühenden Pflanzen angewandt werden. Das gilt selbstverständlich auf für blühende Unkräuter, die im Obstgarten vor der Anwendung eines für die Bienen gefährlichen Pflanzenschutzmittels gemäht werden müssen. Um jede Störung des Bienenfluges zu vermeiden, sollten selbst die für Bienen ungefährlichen Mittel während der Blüte nur außerhalb der täglichen Flugzeiten ausgebracht werden.

Umgang mit Pflanzenschutzmitteln

Besonders im Haus- und Kleingarten bzw. auf Balkon und Terrasse ist beim Umgang mit Pflanzenschutzmitteln höchste Vorsicht geboten.
Ausführliche Hinweise und Informationen dazu enthalten das Merkblatt der Biologischen Bundesanstalt für Land- und Forstwirtschaft, Braunschweig Nr. 18/1, November 1977 »Allgemeine Vorsichtsmaßnahmen beim Umgang mit Pflanzenbehandlungsmitteln«; die AID-Broschüre Nr. 136 (1979) »Vorsicht beim Umgang mit Pflanzenbehandlungs- und Schädlingsbekämpfungsmitteln«. Diese Schriften sind an den zuständigen amtlichen Stellen (Pflanzenschutzdienst, Landwirtschaftsämter) zu erhalten. Alle vom Hersteller auf Packungen und Gebrauchsanweisungen angegebenen Vorsichtsmaßnahmen genau befolgen. Das gilt selbstverständlich auch für die Hinweise auf Wartezeiten, Konzentrationen, Aufwandmengen und den zugelassenen Bereich (Pflanze, Krankheit, Schädling).
Pflanzenschutzmittel und Spritzbrühe dürfen nicht auf die bloße Haut gelangen.
Während der Arbeit mit Pflanzenschutzmitteln weder essen noch rauchen; nachher sofort Hände und Gesicht, d.h. die von der Schutzkleidung oft unbedeckten Körperteile, sorgfältig waschen. Wasserdichte, leicht abwaschbare Schutzkleidung tragen.
Verstopfte Düsen nie mit dem Mund ausblasen.
Nicht gegen den Wind spritzen; dabei würde man sich selbst sehr gefährden.
Bei Windstärken, die Spritzwolken auf andere als die zu behandelnden Kulturen abwehen können, darf nicht gespritzt werden bzw. muß man aufhören.
Konzentrierte Pflanzenschutzmittel, so wie sie aus der Verpackung kommen, sind gefährlicher als gebrauchsfertige Spritzbrühen. Deshalb besondere Vorsicht vor Spritzern von konzentrierten Mitteln auf Körper und Kleidung!
Spritzbrühen nicht in geschlossenen Räumen ansetzen.
Pflanzenschutzmittel so aufbewahren, daß Unbefugte, insbesondere Kinder, sie nicht erreichen können (abschließbarer Raum bzw. Schrank).
»Leere« Packungen, die oft noch Mittelreste enthalten, nicht achtlos irgendwo liegen lassen. Sie können spielenden Kindern und auch Tieren gefährlich werden.
In jedem Vergiftungsfall – auch wenn nur Verdacht besteht – sofort erste Hilfe leisten und Arzt, Rettungsstation, Krankenhaus aufsuchen. Für den behandelnden Arzt ist es wichtig zu wis-

sen, um welches Mittel (Wirkstoff) es sich handelt, deshalb Packung mit Aufschrift und Gebrauchsanweisung mitnehmen.

Anwendung von Pflanzenschutzmitteln

Die Ausbringung der Spritzmittel im allgemeinen Obstbau erfolgt bekanntlich mittels tragbarer oder fahrbarer Spritzgeräte. Für Topfobstbäume genügen Handspritzen oder Handsprüher, wie sie auch zum Besprühen der Zimmerpflanzen verwendet werden. Neben den chemischen Spritzmitteln sollten auch biologische Pflanzenschutzmittel in der Topfobstkultur weitgehende Beachtung und sinngemäße Anwendung finden.

Obwohl aufmerksame Pflege, sachgemäße Düngung und zweckdienlicher Baumschnitt die sichersten Maßnahmen gegen Obstbaumschädlinge sind, werden sich dessenungeachtet pilzliche und tierische Schaderreger an den Bäumchen bemerkbar machen. Sobald Anzeichen zu erkennen sind, sollte die Abwehr mit einem geeigneten, möglichst nützlingsschonenden Spritzmittel einsetzen. Denn so reizend ein in voller Blüte prangendes oder mit Früchten behangenes Bäumchen anzusehen ist, so betrüblich wäre es, wenn dieses Bäumchen z. B. von Blatt- oder Blutläusen befallen wäre oder die Blüten vom Apfelblütenstecher zerstört würden. Bedauerlich wäre, wenn der Fruchtansatz von der Obstmade wertlos gemacht oder die Kräuselkrankheit das Pfirsichbäumchen schädigen würde und sogar eingehen ließe. Schade wäre es auch, wenn Mehltau und Schorf Blätter und Früchte befallen und die Fruchtfäule *(Monilia)* sich am Lagerobst unliebsam ausbreiten würde.

Die Bekämpfung all dieser Schaderreger kann nicht schablonenmäßig nach Kalenderdaten durchgeführt werden, denn die Befallszeiten fallen mit bestimmten Entwicklungsstadien der Obstgehölze zusammen; beginnend nach der Winterruhe mit dem Schwellen der Knospen (Austrieb), der nachfolgenden Vor- und Nachblüte, dem Fruchtansatz, der Fruchtentwicklung bis zur Fruchtreife und vom Triebabschluß über den herbstlichen Blattfall zur Winterruhe.

Schädlinge

Nachstehend eine Darstellung der wichtigsten obstbaulichen Krankheiten und Schadinsekten, die in den Freilandkulturen neben sonstigen Obstschädlingen vordringlichst bekämpft werden und auch in den Topfobstkulturen trotz aufmerksamer Pflege auftreten können.

Blattläuse. Von den verschiedenen Blattlausarten interessiert uns vornehmlich die Grüne Apfelblattlaus. Ihre Wintereier findet man meist in großer Zahl an den Zweigenden. Sie sind schwarzglänzend und sehen wie kleine Perlen aus. Man muß daher besonders die Triebspitzen behandeln. Nach dem Ausschlüpfen sitzen die jungen Blattläuse dichtgedrängt an den Triebspitzen und an der Unterseite der Blätter. Durch ihre Saugtätigkeit krümmen sich die Triebe und die Blätter kräuseln.

Die Bekämpfung muß vom Knospenschwellen bis zum Austrieb mit einem sogenannten Austriebspritzmittel, z. B.

Folidolöl (15 ml/10 l Wasser), erfolgen. Ab Juni, wenn der Zuflug von Läusen beginnt, sollte die Abwehr mit den gegen saugende Insekten zugelassenen, nützlingsschonenden Bekämpfungsmitteln (Insektiziden) – je nach Befallsstärke wiederholt – erfolgen. Auch das Abspritzen der Triebe mit dem Wasserschlauch kann hilfreich sein.

Apfelblütenstecher. Die durch den Apfelblütenstecher hervorgerufenen Schäden zeigen sich gegen Ende oder nach der Blütezeit in Form von ungeöffneten, unter Braunverfärbung vertrockneten Apfelblüten. Diese sind ausgehöhlt, und man findet dort oft noch die gelbliche und etwas gekrümmte Larve (Kaiwurm) oder bereits die auffällig lebhafte Puppe des Blütenstechers. Der erwachsene Schädling, ein kleiner, graubrauner Rüsselkäfer, überwintert in Verstecken im Obstbaum und dessen Umgebung. Er erscheint ab Mitte März nach und nach auf den Apfelbäumen und ernährt sich eine Zeitlang von den schwellenden Knospen (Reifungsfraß). Sobald die Blüten sichtbar werden, beginnt die Eiablage, und zwar einzeln in das Innere der Blüten. Nach 5 bis 8 Tagen schlüpfen die Larven und verursachen die oben

Kolonie der Mehligen Apfelblattlaus.

Blutlauskolonie an einem Apfelzweig.

beschriebenen Schäden. Die Bekämpfung richtet sich gegen die Käfer während des Reifungsfraßes zur Zeit des beginnenden Knospenaufbruchs bis spätestens zum Sichtbarwerden der Blüten. Sie erfolgt mit als Fraßgift wirkenden Insektiziden. Treten Apfelblütenstecher erfahrungsgemäß stärker auf, und dehnt sich die kritische Bekämpfungsperiode durch einen Kälterückschlag weiter als gewöhnlich aus, dann muß die Spritzung unter Umständen nach 8 bis 10 Tagen wiederholt werden (nach Winter u. a. 1981).

Mehlige Apfelblattlaus. Die zunächst fahlgelbe, später dunkelgrau gefärbte, aber hellbepuderte Mehlige Apfelblattlaus kommt sehr unregelmäßig, oft nur an einzelnen Bäumen oder Baumteilen vor. Neben verformten Kurz- und Langtrieben und verkrümmten Blättern fallen dann vor allem die sog. Blattlausäpfel auf: kleine, teils verunstaltete, in Nestern zusammensitzende Äpfel. Der Schlupf aus den Wintereiern, die einzeln und versteckt auf älterem Holz abgelegt sind, erfolgt kurz vor der Blüte. Hier liegt auch der günstigste Zeitpunkt der Bekämpfung; sie ist schon bei 1 bis 2 befallenen Blütenbüscheln zu empfehlen (nach Winter u. a. 1981).

Blutläuse treten vor allem in trockenen Jahren nur an Apfelbäumen stärker in Erscheinung. Die Schäden bestehen aus krebsartigen Wucherungen (Blutlauskrebs) an Trieben und an sonstigen Stellen frischer Kambiumtätigkeit, z. B. an verheilenden Schnitt- und Hagelwunden. An den Schadstellen findet man die braunrot gefärbten Läuse in dichten Kolonien, die aufgrund wachsartiger Ausscheidungen als weiße, watteähnliche Gebilde in Erscheinung treten. Bis zu 12 Generationen im Jahr. Bekämpfung vor allem im Frühjahr, bevor die Bäume voll belaubt sind, mit geeigneten Insektiziden. Dabei ist unbedingt für die gründliche Benetzung aller befallenen Baumteile zu sorgen. Unter anderem sollte die Spritzdüse so eingestellt werden, daß auch der Stamm ausreichend getroffen wird (nach Winter u. a. 1981).

Apfelwickler. Ein unauffälliger Falter, dessen Vorderflügel hellgrau gefärbt sind und dunkelbraune Querbänder aufweisen. Nahe an den Flügelspitzen fallen je 3 goldglänzende Striche in einem

Schadbild der Obstbaumspinnmilbe an Apfelblättern (rechts befallen, links nicht befallen).

Obstbaumspinnmilben auf einem Apfelblatt.

dunklen Fleck auf. Die Hinterflügel sind graubraun.

Die Flugzeit setzt meist ab Mitte Mai bis Anfang Juni ein. Die Eier werden an noch unreifen Früchten abgelegt. Die bereits nach 8 bis 10 Tagen schlüpfenden, später fleischfarbigen Raupen, die »Obstmaden« bohren sich sofort in die Frucht ein und fressen die Kerne und die Frucht an.

Nach einer Entwicklungszeit von 4 bis 5 Wochen bohrt sich die Made heraus. Sofern die ausgewachsenen Raupen nicht mit dem Apfel auf den Boden fallen, lassen sie sich mit einem selbstgesponnenen Faden herab und verpuppen sich hinter Rindenschuppen und anderem.

Bei ungünstiger Wetterlage kann der Flug und die Eiablage auch noch im Juli, mitunter noch im August stattfinden. Zu ihrer Vernichtung wird man alle wurmstichigen Früchte sammeln und die darin befindlichen Maden vernichten. Die Bekämpfung sollte etwa 5 bis 7 Wochen nach der Blüte mit einem gegen den Apfelwickler zugelassenen Mittel erfolgen. Wichtige Hinweise gibt der zuständige Warndienst.

Rote Spinne. Ein mit dem bloßen Auge nahezu nicht zu erkennender Schädling ist die Rote Spinne. Man versteht darunter grünliche bis rötliche Arten von Spinnmilben. Sie saugen meist auf der Unterseite der Blätter. Das Laub nimmt bei starkem Befall einen bronzefarbenen Schimmer an. Mit der Lupe erkennt man, daß die Tiere ihren Aufenthaltsort mit einem unregelmäßigen Netz von sehr feinen Fäden übersponnen haben. Bei starkem Befall wird der Baum schlecht ernährt und Blüten sowie Früchte verkümmern.

Gegen Herbst verkriechen sich die Milben unter loser Rinde und ähnlichen Schlupfwinkeln, die sie mit einem dichten feinen Gespinst überziehen. Als Bekämpfungsmittel sind spezielle Akarizide (Milbenbekämpfungsmittel, z.B. Peropal, Plictran, Altraco), die auch bienenungefährlich sind, einzusetzen. Bei sehr starkem Wintereierbesatz sind auch Mineralöle zu verwenden.

Wespen. Besondere Aufmerksamkeit gilt auch den Wespen als Verursacher von Fruchtschäden. Sie nagen mit Vorliebe die schönsten Früchte an. Zur Abwehr der Wespen verwendet man sogenannte Wespenfanggläser, die mit süßem, leicht gärendem Fruchtsaft oder Zuckerwasser gefüllt werden.

Schorf an Blättern und Früchten eines Apfels.

Krankheiten

Neben den tierischen Schädlingen sind besonders die pilzlichen Krankheiten zu beachten, z.B. Schorf, Mehltau und *Monilia* (Zweigdürre und Fruchtfäule).

Schorf. Als Schorf bezeichnet man schwarzgrüne, rußartige, meist kreisrunde Flecken auf den Blättern von Äpfeln und Birnen. Die Schorfflecken treten sehr früh, oft schon kurz nach der Blattentwicklung in Erscheinung. Während und nach der Blüte erhöht sich die Zahl der Flecken.

Auch die Früchte werden vom Schorf befallen. Sie entwickeln sich unregelmäßig, platzen auf, werden hart und fallen ab. Verursacht wird die Krankheit durch einen Pilz, den Apfelschorf bzw. den Birnenschorf. Auf den Flecken werden immer neue Sporenmengen entwikkelt, die durch Feuchtigkeit und Wind auf Blätter und Früchte übertragen werden.

Im Herbst entwickeln sich an den befallenen, am Boden liegenden Blättern Sporen, die den Winter überdauern (Wintersporen), im Frühjahr bei feuchter Witterung auskeimen und durch den Wind verbreitet, neue Schorfinfektionen verursachen. In kleinen Baumbeständen ist es nicht unrealistisch, das Fallaub (primäre Infektionsquelle im Frühjahr) der Apfel- und Birnbäume im Herbst zu vernichten, also aufzusammeln und zu kompostieren. Auch die Regenwürmer tragen zur Verringerung der Schorfsporen bei, indem sie viele alte Blätter in den Boden ziehen.

Schon im zeitigen Frühjahr muß man mit Schorfinfektionen rechnen. Die Wintersporen (Ascosporen) aus alten, infizerten Blättern des Vorjahres und sehr wahrscheinlich auch im Baum überwinterte Sommersporen (Konidien) können bereits die »Grünen Spit-

zen« infizieren. Die Schorfgefahr beginnt also schon beim Knospenaufbruch!
Häufigkeit, Stärke und Dauer der Infektionsgefahren hängen von Zahl und Dauer der Regenfälle (Blattnaßdauer!) ab. Die vorbeugende Abwehr besteht darin, in regenreichen Anbaugebieten vom Knospenaufbruch an einen ausreichenden, fungiziden Schutzbelag auf den anfälligen Sorten solange »zu halten«, bis das Frühjahrsinfektionspotential abgebaut ist. Der amtliche Warndienst gibt dazu über Anrufbeantworter und schriftliche Warnmeldungen ständig Hinweise für die Praxis. Im Sommer können, wenn die Infektionsgefahren nicht mehr so dicht aufeinander folgen, die Spritzabstände mit gutem Gewissen dort verlängert werden, wo es gelungen ist, die Bestände praktisch schorffrei zu halten. »Praktisch schorffrei« heißt aber nicht absolut schorffrei, und deshalb darf man stärkere Sommerinfektionsgefahren – die überall auftreten können – nicht ignorieren.

Apfelmehltau. Der Mehltaupilz überwintert vorwiegend in den Endknospen der Triebe. Schon beim Knospenaufbruch beginnt die Sporenproduktion (Konidien) und damit der Befall an jungen Blättern und an den Blüten. Infektionen sind bis Triebabschluß an jedem regenfreien Tag möglich.
Schneiden und Spritzen ist die wirksamste Mehltaubekämpfung. Schneiden kann man das ganze Jahr über, wann immer kranke Triebe zu sehen sind. Besonders im Frühjahr ist es wichtig, die krank austreibenden Triebe – den Primärbefall – wegzuschneiden. Das trägt wesentlich zur Verringerung des Neu-

Triebspitzenbefall durch den Apfelmehltau.

befalls (Sekundärbefall) bei. Bei anfälligen Sorten (z.B. 'Jonathan', 'Idared', aber auch 'Cox Orange' und 'Boskoop' gehören dazu) kommt man ohne die »Mehltau-Fungizide« nicht aus. Für die ersten Behandlungen kann man bei den höheren Aufwandmengen noch die Doppelwirkung des Netzschwefels gegen Schorf und Mehltau nutzen, später geht man zu den speziellen, organischen Mehltaufungiziden über.
In Kleinstbeständen (Hausgarten, Obstgarten) sollte man versuchen, mit dem Mehltaubeschnitt allein auszukommen. Der ist immer möglich und hängt nicht von Terminen ab. Nur gelegentliche Spritzungen nützen erfahrungsgemäß nichts.

Amerikanischer Stachelbeermehltau. Der Amerikanische Stachelbeermehltau kann neben Stachelbeeren auch Johannisbeeren befallen: Auf (grünen)

Trieben, Blättern und – bei Stachelbeeren – an den noch unreifen Früchten erscheint ein anfangs weißer, später brauner pelziger Überzug. Die erkrankten Organe verkümmern und sterben ab. Der Schadpilz überwintert an den Trieben, vor allem an den Triebspitzen, und im Fallaub.
Bekämpfung einmal durch regelmäßiges Auslichten der Sträucher, dabei Entfernen der verkrüppelten, geschwächten Triebe und sämtlicher Triebspitzen. Das anfallende Material muß unbedingt noch vor Austriebsbeginn aufgesammelt und verbrannt werden. Zum zweiten ist die chemische Bekämpfung durch späte Winterspritzung mit entsprechenden Mitteln und/oder ab Austrieb je nach Befallslage 3 bis 5 Spritzungen mit Mehltaufungiziden wie Netzschwefel oder Saprol im Abstand von 7 bis 10 Tagen (nach Winter u.a. 1981).
Monilia (Fruchtfäule): Auf der Haut unreifer Früchte werden um unscheinbare Verletzungsstellen kleine gelbliche Polster oft in ringförmiger Anordnung sichtbar. Das Fruchtfleisch wird weich und faul. Die Früchte schrumpfen ein und bleiben als Mumien am Baum hängen. Um die Weiterverbreitung der Fruchtfäule zu verhindern, müssen alle befallenen Früchte gesammelt und verbrannt werden. Bekämpfung ab Blütebeginn mit organischen Fungiziden, z.B. Triforine, Captan, Metiram.
Kräuselkrankheit des Pfirsichs. Der die Kräuselkrankheit verursachende Pilz überwintert an den Knospen. Von hier breitet er sich im nächsten Jahr aufs neue aus. Kurz nach dem Austrieb verdicken und kräuseln sich die befallenen Blätter, sind unregelmäßig blasig aufgetrieben und zeigen eine rötliche Färbung. Die Kräuselkrankheit wird oftmals mit Blattlausbefall verwechselt. Bei diesem zeigen die Blätter keine Beulen, sondern rollen sich nur ein.
Eine spezielle Form der Austriebspritzung wird für die Bekämpfung der Kräuselkrankheit beim Pfirsich notwendig. Bei den hochanfälligen gelbfleischigen Sorten haben nur die organischen Fungizide (z.B. Ortho Difolatan, Delan flüssig, Captan 83, Orthocid 83) sehr gute Erfolge gebracht. Vorbedingung für den Erfolg ist allerdings der rechtzeitige Bekämpfungstermin, spätestens beim beginnenden Knospenschwellen! Das kann in bestimmten Jahren bereits Mitte Februar der Fall sein. Es genügt bei normaler Witterung eine Spritzung; bei Entwicklungsverzögerung während des Knospenschwellens infolge Kälterückfall kann eine zweite Spritzung bei erneutem Entwicklungsfortgang notwendig sein. Eine spätere Spritzung, etwa zum Zeitpunkt des sichtbaren Befalls, ist unsinnig!
Mehrjährige Versuchserfahrungen haben gezeigt, daß bereits eine Bekämpfung im Herbst möglich ist. Allerdings hat sich dabei nur Captafol (Ortho Difolatan) als hinreichend wirksam erwiesen.
Vorstehend sind jene Krankheiten und Schädlinge aufgeführt, die am häufigsten an den Obstgehölzen auftreten. Die Topfobstbäume lassen sich jedoch infolge ihrer geringen Größe besser als andere Baumformen gesunderhalten, da uns bei aufmerksamer Beobachtung nichts entgehen kann. Dessenungeachtet ist zu empfehlen, sich hinsichtlich der Spritztermine und besonders gezielter

Abwehrmaßnahmen des zuständigen Pflanzenschutzamtes und der Obstbauberatung zu bedienen.

Ausdünnen der Früchte

Die Fruchtausdünnung ist eine ertrags- und qualitätsregulierende Maßnahme. Sie vermindert die Neigung der Bäume zur Alternanz (jährlich stark wechselnde Fruchtbarkeit) und trägt maßgeblich zur Verbesserung der Fruchtgröße, der Fruchtfarbe, des Geschmacks und anderer Qualitätsmerkmale bei.
Die auf schwachwüchsige Unterlagen veredelten und in Pflanzgefäßen stehenden Obstgehölze neigen meist zu reichem Fruchtansatz, der oftmals zu groß ist, als daß sich jede Frucht voll entwikkeln könnte. Wer glaubt, durch stärkeres Düngen, d.h. durch bessere Ernährung einen größeren Ertrag zu erzielen, irrt. Den Bäumchen sind Grenzen gesetzt.
Bei Äpfel und Birnen achten wir darauf, daß sie in den ersten Jahren nach dem Eintopfen nur wenige, gut entwickelte Früchte hervorbringen. Darum beläßt man den im Herbst eingetopften mit Fruchtholz gut besetzten Bäumen im ersten Sommer nur 1 bis 2 Früchte und wählt dabei, sollten sie mehr angesetzt haben, die in der Nähe des Stammes am besten entwickelten Früchte aus. Im 2. Sommer sollten Kernobstbäumchen auch nicht mehr als 6 Früchte tragen. Erst vom 3. Jahr an, wenn der Baum kräftig im Trieb ist, belassen wir eine sich allmählich steigernde Anzahl Früchte. Die Anzahl der belassenen Früchte richtet sich nach der Sorte.
Beim Kernobst wird nur dann ausgedünnt, wenn die Früchte etwa haselnußgroß sind. Das ist nach dem sogenannten Junifruchtfall. Dieser lichtet den Fruchtbehang schon soweit, daß man anschließend sicherer erkennen kann, was noch weg muß. Zuerst werden mißgebildete oder anderweitig geschädigte Früchte entfernt. Bei immer noch zu starkem Fruchtbehang dünnt man noch soweit aus, daß die übrigbleibenden Früchte ungefähr eine Handbreit voneinander entfernt sind.
Im Durchschnitt sollten an Apfel- und Birnbäumchen auch in späteren Jahren, je nach Sorte, nicht mehr als 20 bis 25 Früchte ausreifen. Es kommt nicht auf die Menge, sondern auf die Ausbildung und Güte jeder einzelnen Frucht an. Bei großfrüchtigen Sorten lasse man beim Entfernen des starken Ansatzes auf jedem Fruchtkuchen nur eine Frucht stehen. Der Fruchtkuchen ist der verdickte Teil des Fruchtholzes auf welchem der Fruchtstiel steht. Die nach dem Ausdünnen verbleibenden Früchte sollen möglichst gleichmäßig über den ganzen Baum verteilt sein.
Bei den Pfirsichen wird man beim Ausdünnen dort, wo 2 Früchte an einer Stelle zusammensitzen, stets die kleinere entfernen. Doch soll dies erst dann erfolgen, wenn die Steinbildung beendet ist. Beim übrigen Steinobst ist ein Ausdünnen nicht erforderlich.

Stützen der Früchte und Fruchtzweige

Um das Abbrechen besonders gut entwickelter Früchte zu verhindern, muß

So stark sollte der Behang bei Apfelbäumchen im Topf nicht sein. Sobald die Früchte haselnußgroß sind, wird deshalb ausgedünnt. Die verbleibenden Früchte sollten etwa eine Handbreit Abstand voneinander haben.

Topfobstbäumchen, hier ein Apfelbaum im Drahtkorb in den Boden eingesenkt, entwickeln besonders große und wohlschmeckende Früchte.

man ihnen eine Stütze geben. Um das Ablaufen des Regens zu erleichtern, nagelt man ein Brettchen etwas schräg auf einen Stab auf. Auf diese Brettchen wird die Frucht, um das Schwellen nicht zu beeinträchtigen, mit einigen breiten Bastfäden locker aufgebunden. Den Bastfaden befestigt man vorsichtig am Fruchtstiel, am Zweig und am Stab. Man kann bei schwächeren Bäumchen auch einen Stab am Stamm befestigen und die Fruchtzweige durch Heranziehen an den Stab vor dem Abbrechen schützen. Die gestützten Früchte sind besonders bei windigem regnerischem Wetter zu kontrollieren, da sie leicht vom Wind abgerissen werden.
Bei Apfelsorten mit einem langen biegsamen Fruchtstiel, der das Drehen der Frucht zuläßt, ohne abzubrechen, können wir die Frucht, sobald die der Sonne zugewendete Seite schön gefärbt erscheint, herumdrehen, so daß nach und nach alle Seiten eine lebhafte Färbung annehmen.

Fruchtreife und Pflückzeit

Die Fruchtreife der Topfobstbäume tritt um einige Zeit früher ein als im Freilandobstbau. Alle Frühsorten der Äpfel ('Klarapfel', 'Stark Earliest' und andere) sollten 5 bis 10 Tage vor der Baumreife gepflückt werden. Lassen wir sie bis zur völligen Reife am Baum, erhalten wir meist mehlige Früchte ohne Haltbarkeit.
Es empfiehlt sich, einen Pflückkalender anzulegen und in diesen alljährlich die Pflückdaten einzutragen. Später kann man dann vermerken, ob die Frucht durch Welken anzeigte, daß sie zu früh gepflückt wurde oder durch schnelles Verderben, daß sie zu spät geerntet wurde. Ist man anfangs noch unsicher, pflückt man einige Früchte zur Probe. Sind diese nach einigen Tagen noch saftig, haben wir den rechten Zeitpunkt getroffen; welken sie aber, dann warten wir noch. Wenn man die Pflückzeiten der Jahrgänge vergleicht, wird man bald den rechten Zeitpunkt der Pflücke für alle Sorten, ob Früh- oder Spätsorten, herausfinden. Hierbei muß man beachten, daß sich während eines heißen Sommers die Fruchtreife beschleunigt, sich bei kühlem, regnerischem Wetter aber mitunter um 1 bis 2 Wochen verzögert!
Bei Herbstsorten hält man die zu prüfende Frucht in eine flache Lage. Löst sich dabei der Fruchtstiel vom Fruchtkuchen, ist der geeignete Zeitpunkt zur Ernte gekommen. Durch allmähliches Auspflücken der schönsten und größten Früchte kann man die Ernte der Sommer- und Herbstsorten etwas ausdehnen, ohne daß ein Verlust durch Verderben von Früchten zu befürchten ist. Auch nehmen zuletzt geerntete Früchte noch bedeutend an Größe und Wohlgeschmack zu. Die Wintersorten des Kernobstes, die gelagert werden sollen, dürfen nicht zu lange am Baum hängen bleiben, d.h., sie müssen bereits zu Beginn der Baumreife geerntet werden.
Die Reife des Steinobstes erkennt man an der intensiven Fruchtfärbung und daran, daß einzelne Früchte zu fallen beginnen. Die Ernte der Früchte wird möglichst in den Vormittagsstunden bei trockenem Wetter vorgenommen. Alle Früchte werden sorgfältig gepflückt und

Der Apfelbaum auf dem Balkon: Obstbau ist auch auf beschränktem Raum möglich.

vorsichtig in Kisten gelegt. Früchte, die beim Anfassen noch nicht in der Hand bleiben, immer man mit dem Daumennagel und Zeigefinger am Stielende und löst sie durch einen sanften Druck vom Zweig ab.

Lagerung

Die Früchte werden in einen kühlen Raum gebracht. Er darf nicht zu feucht sein, da sonst leicht Fäulniserreger auftreten, doch auch nicht zu trocken, weil sonst die Früchte schnell schrumpfen.
Leider sind die Kellerräume in modernen Häusern meist sehr trocken und daher nur bedingt für die Aufbewahrung von Obst geeignet.
Sehr gut bewährt hat es sich, Äpfel und Birnen in Polyäthylenbeuteln, die 3 bis 4 kg Äpfel aufnehmen können, zu lagern. Die Stärke der Folie sollte 0,03 bis 0,05 mm betragen. Stärkere Folien unterbinden den notwendigen Gasaustausch, zu dünne Folien zerreißen leicht und sind auch nicht dicht genug. Wenn die Früchte in solchen Folienbeuteln aufbewahrt werden, schrumpfen sie kaum, und Lagerkrankheiten treten nur in geringem Maße auf.
Für die Lagerung in Folienbeuteln eignen sich 'Cox Orange', 'Berlepsch', 'Roter Boskoop', 'Jonathan' und 'Glockenapfel'. Bei Birnen ist es z. B. die Sorte 'Gute Luise'. Man sollte immer nur eine Sorte in einen Beutel füllen.

Schnitt und Formgebung

Topfbäumchen sind Nutz- und Zierpflanzen zugleich. Deshalb sind alle Pflegemaßnahmen, insbesondere Düngung und Schnitt auf reichliche Fruchterträge bester Güte und auf gefällige Formgestaltung dieser Bäumchen auszurichten.
Wer Obstbäume in diesem Sinne halten und erhalten will, muß sich bemühen, ihre Wachstumsgesetze zu erkennen. Der Obstbaum ist ein lebendes Wesen besonderer Natur, das sich willig unseren Pflegemaßnahmen anpaßt und sich nur dann scheinbar anders verhält, wenn wir seine Wachstumsgesetze verkennen und nicht beachten. Der Baumschnitt ist im Zusammenwirken mit gut durchdachten Düngungsmaßnahmen, mit der Kronen- und Wurzelpflege sowie rechtzeitiger Abwehr von Obstbaumschädlingen und Krankheiten mitbestimmend für die Entwicklung des Baumes, für Blütenbildung, Fruchtentwicklung und Ertrag.

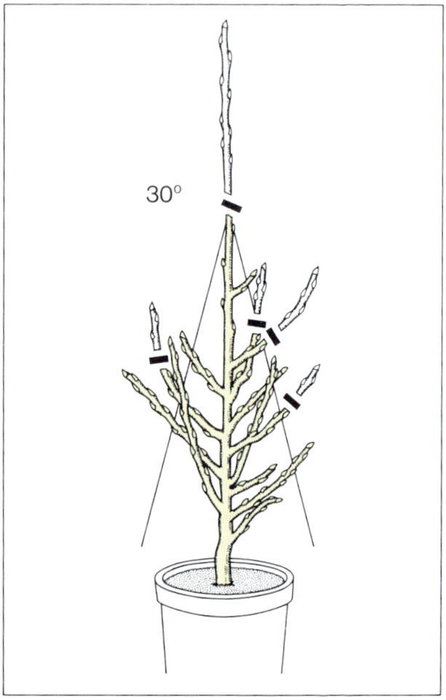

Baumformen

Weil Topfobstbäumchen neben ihrem Nutzwert auch in ihrer Form eine Zierde sind und sein sollen, eignen sich hierfür nur niedrige Baumformen, deren untere Zweigpartien sich etwa 30 bis 50 cm über dem Gefäßrand befinden. Kernobstbäumchen (Apfel und Birne) geben wir die Form einer schmalen, im ausgewachsenen Zustand 50 bis 60 cm breiten Pyramide (Spindelbusch oder schmale Säulenpyramide). Sie wird heute allgemein als »Schlanke Spindel« bezeichnet. Steinobstarten gestalten wir zu pyramidenförmigen Buschbäumchen. Die Gestaltung dieser Baumformen ist einfach und bereitet auch dem schnittunkundigen Gartenfreund wenig Schwierigkeiten.

Pflanzschnitt

Okulierte Jungbäume

Wer das Okulieren (Augenveredlung) beherrscht, kann sich seine Obstbäume selbst heranziehen. Die Okulation auf das schlafende Auge kann von Juli bis Anfang September durchgeführt werden. Im folgenden Frühsommer wird dem Trieb, der sich entwickelt hat, die

Baumformen für Topfobstbäume: schmale Pyramide für Steinobst (links) und breite Pyramide für Kernobst (unten).

Wer das Okulieren beherrscht, kann sich seine Obstbäumchen selber veredeln (von oben): Nach einem T-förmigen Schnitt mit dem Okuliermesser in die Rinde eines Kronentriebes wird die links und rechts des Längsschnitts liegende Rinde leicht angehoben und das Edelauge mit dem Schildchen eingeschoben. Das Auge wird oben und unten mit Bast verbunden.

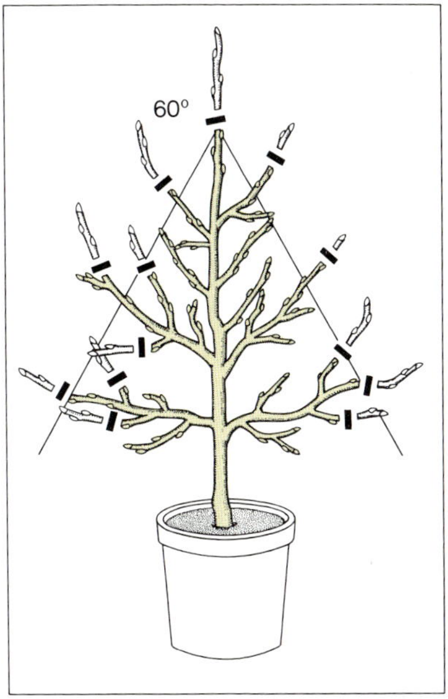

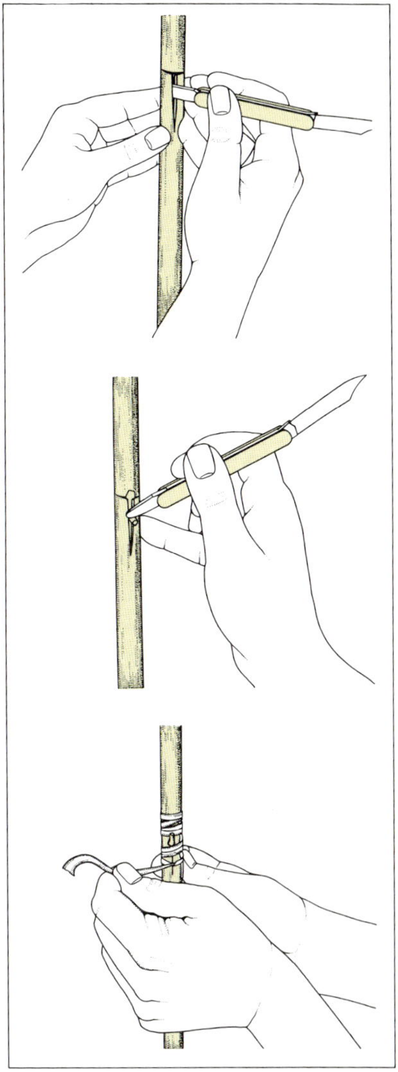

Spitze abgekniffen, sobald er eine Länge von 30 bis 50 cm erreicht hat. Durch dieses Entspitzen (Pinzieren) bilden sich die Augen an diesem Trieb zu schwachen Seitentrieben aus. Sobald diese Triebe wiederum 4 bis 5 Augen gebildet haben, werden sie auf 2 bis 3 Augen gekürzt (entspitzt).
Wenn das oberste Auge, das die Stammverlängerung ergeben soll, sich zu stark entwickelt, bleiben die unteren seitlich sich entwickelnden Triebe im Wachstum zurück. Demzufolge muß der Mitteltrieb, das heißt der Stammverlängerungstrieb nochmals gekürzt werden, damit die unteren Triebe in ihrem Wachstum aufholen können. Mit dieser

Der Verlängerungstrieb wird stets »auf Zapfen« geschnitten (Pfirsich 'Amsden').

1jährige Bäumchen mit vorzeitigen Trieben: Die Triebe werden glatt am Stamm abgeschnitten.

1jährige Veredlung ohne vorzeitige Triebe (Erklärung s. Text Seite 64, 65).

Vorkultur gewinnen wir besonders bei Pfirsichen nicht nur Zeit bei der Anzucht der Bäumchen, sondern auch schneller fruchtende Bäume.

1jährige Veredlungen

Da nicht jeder Gartenfreund die Möglichkeit hat, sich seine Bäumchen selber heranzuziehen, beschafft man sich im Herbst aus einer Baumschule 1jährige Veredlungen der gewünschten Sorten auf den am besten geeigneten Unterlagen. Man kann zwischen 1jährigen Veredlungen ohne vorzeitige Triebe und 1jährigen Veredlungen mit am Stamm gleichmäßig verteilten Trieben wählen.
Die an den 1jährigen Veredlungen unregelmäßig verteilten Seitentriebe schneiden wir an ihrer Entstehungsstelle mit scharfem Messer glatt vom Stämmchen ab. Unverzweigte 1jährige Veredlungen schneiden wir auf eine Länge von 30 bis 50 cm auf 1 Auge zurück, das über der

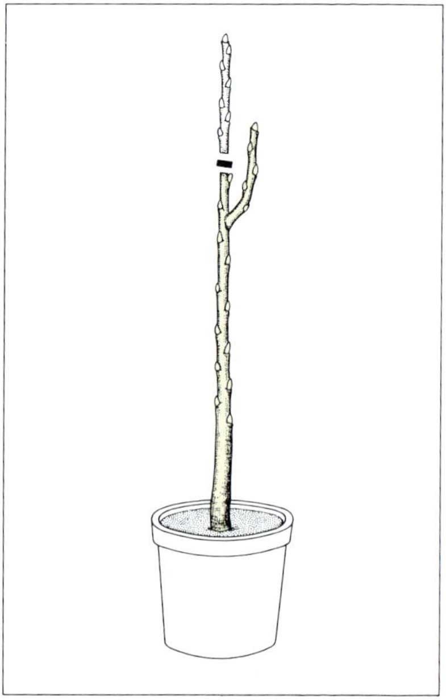

vorjährigen Schnittstelle steht, von dem der Zapfen der Unterlage entfernt wurde. Wählt man für Topfbäume eine Stammhöhe von 30 oder 50 cm, so nimmt man von den über dieser Stammhöhe befindlichen 4 bis 5 Augen das oberste Auge für den Verlängerungstrieb und die unteren 4 Augen als Seitenzweige zum Aufbau der Baumform.
Der Verlängerungstrieb (Stammfortsetzung) wird stets auf Zapfen geschnitten. Um schöne, gerade wachsende Bäumchen ohne Verwendung von Hilfsstäben zu erzielen, wird später der sich bildende Trieb vorsichtig, damit er nicht ausbricht, mit einem Bastfaden an diesen Zapfen angebunden (angeheftet). Auf Zapfen schneiden heißt, wir lassen über dem oben erwähnten Auge noch ein Teilstück von etwa 10 cm Länge stehen, schneiden aber mit dem Messer alle an diesem Zapfen befindlichen Augen ganz flach weg. Man nennt dies »den Zapfen blind schneiden«.

Haben die aus den 4 Augen sich bildenden Seitentriebe eine Länge von etwa 30 cm erreicht, schneiden wir deren Spitzen ab (pinzieren).
Im Laufe des Jahres machen uns die Topfbäumchen wenig Arbeit, wir müssen jedoch auf etwaigen Schädlingsbefall achten. Vor allem Blattläuse müssen rechtzeitig mit geeigneten Mitteln abgewehrt werden (s. Seite 49, 50). Im Juli–August wird der als Stütze für die Stammverlängerung dienende Zapfen nicht mit der Baumschere, sondern mit einem scharfen Messer vorsichtig entfernt. Der Baumschuler benutzt dafür seine Baumschulhippe.

Winterschnitt im 2. Jahr – Aufbauschnitt

Beim Winterschnitt im 2. Jahr, werden unter Beachtung der Baumform (s. Seite 62) die seitlichen Triebe bei Kern-

Um das Austreiben jener Augen zu sichern, aus denen später die Seitentriebe entstehen sollen, wird über jedem Auge ein sichelförmiger Schnitt angebracht.

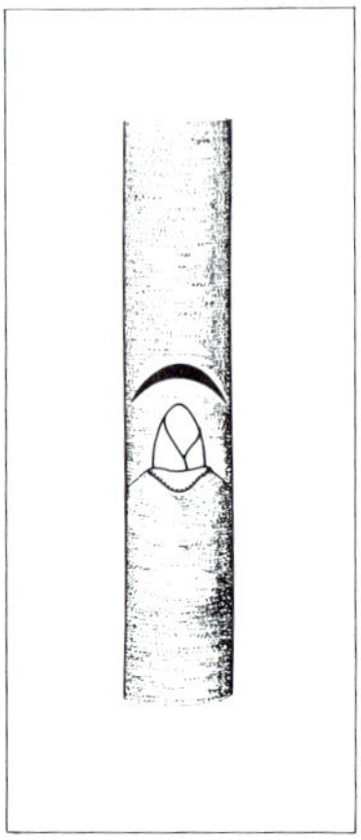

obstbäumchen auf 4 bis 6 Augen und bei Steinobst etwas kürzer auf 3 bis 4 Augen zurückgeschnitten.

Um eine gleichmäßige Verteilung der Zweige am Stamm der Bäumchen zu erreichen, werden etwaige Lücken im Aufbau der Jungbäumchen, die durch Nichtaustreiben einiger Augen entstehen können, durch halbmondförmige Kerbschnitte über den noch schlafenden Augen zum Austreiben veranlaßt. Die halbmondförmigen Kerbschnitte sind sogenannte Hilfsschnitte. Sie müssen vorsichtig ausgeführt werden und dürfen nur die Rinde durchtrennen, dann verfehlen sie nie ihren Zweck. Beim Steinobst darf dieses Überkerben von Augen nicht vorgenommen werden. Es könnte dadurch eventuell Harzfluß verursacht werden.

Die Stammverlängerung wird, wenn sie über 30 cm lang und kräftig ist, auf 6 bis 8 Augen gekürzt. Die kurzen nur bis 20 cm langen Mitteltriebe bleiben ungeschnitten.

Winterschnitt im 2. Jahr. Die Seitentriebe werden bei Kernobst alle auf 4 bis 6 Augen, bei Steinobst auf 3 bis 4 Augen gekürzt. Die Stammverlängerung wird wieder auf Zapfen geschnitten. Das Auge für die neue Stammverlängerung befindet sich über der Schnittstelle des Vorjahres.

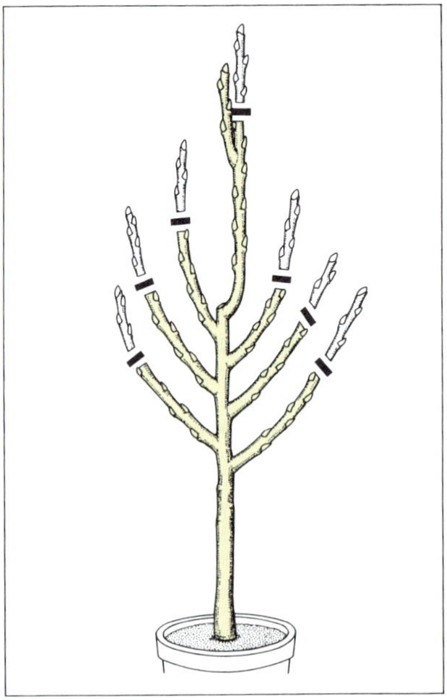

Entspitzen im Sommer

Die sommerliche Schnittmaßnahme des Pinzierens (Entspitzen, s. auch Seite 69) wird bei allen Bäumchen nur bis Ende Juli durchgeführt, damit die Triebe bis zum Herbst mit dem Wachstum abschließen können. Haben die stärksten Triebe 6 Augen gebildet, kürzt man sie auf 4 Augen ein. Je nach ihrer Entwicklung werden auch die anderen Triebe auf 4 Augen zurückgenommen. Sollten dieselben nochmals durchtreiben, wird der neue Austrieb auf 2 Augen gekürzt. Dieses oftmalige Kürzen und Pinzieren

Beim Sommerschnitt werden die Triebe auf 4 Augen eingekürzt.

Mit dem Sommerschnitt beginnt man, wenn die Triebe bei Kernobst 15 bis 20 cm, bei Steinobst 30 bis 40 cm erreicht haben.

bezweckt, daß die an der Basis der Triebe befindlichen Augen soweit gekräftigt werden, daß sie sich allmählich zu Fruchtaugen umbilden. Bekanntlich fruchtet das Kernobst am mehrjährigen Holz. Obwohl das Fruchtholz jahrelang befähigt ist, Frucht zu bringen, muß es doch hin und wieder verjüngt werden.

Winterschnitt im 3. und in den folgenden Jahren

Beim Winterschnitt im 3. und den folgenden Jahren werden die vorjährigen Triebe aller Obstarten unter Beachtung der gewählten Baumform auf 3 bis 4 Augen zurückgeschnitten. Der Rückschnitt der Stammverlängerung muß der Baumform angepaßt sein. Er darf nicht zu lang, aber auch nicht zu kurz sein. Bei zu strengem Rückschnitt treiben die unteren Partien zu stark aus und die Fruchtholzbildung wird vermindert. Bei zu langem Anschnitt der Stammverlängerung würden bei einigen Apfelsorten nicht alle Augen austreiben und dadurch Kahlstellen entstehen.

Fruchtholzbehandlung

Neben allen wichtigen Maßnahmen, beginnend bei der Anzucht des Jungbaumes bis zu den erforderlichen Schnitt- und Pflegemaßnahmen ist kaum eine andere Frage Gegenstand angeregterer Diskussionen als die des Obstbaumschnittes. Neben den üblichen Schnittmaßnahmen wie Pflanzschnitt, Aufbauschnitt und Verjüngungsschnitt ist die

Fruchtholz in verschiedenen Entwicklungsstadien: 1 = 1jährige Fruchtrute ohne Blütenknospe. 2 = 1jährige Fruchtrute mit ausgebildeten Blütenknospen, 3 = mehrjähriges Fruchtholz, das schon Früchte getragen hat, 4 = mehrjähriges Fruchtholz mit »Fruchtkuchenbildung«, (3 und 4 bedürfen zur Wachstumsbelebung eines vorsichtigen Verjüngungsschnitts), 5 = ein einzelner neuer Jungtrieb wird auf 2 bis 3 Augen gekürzt,

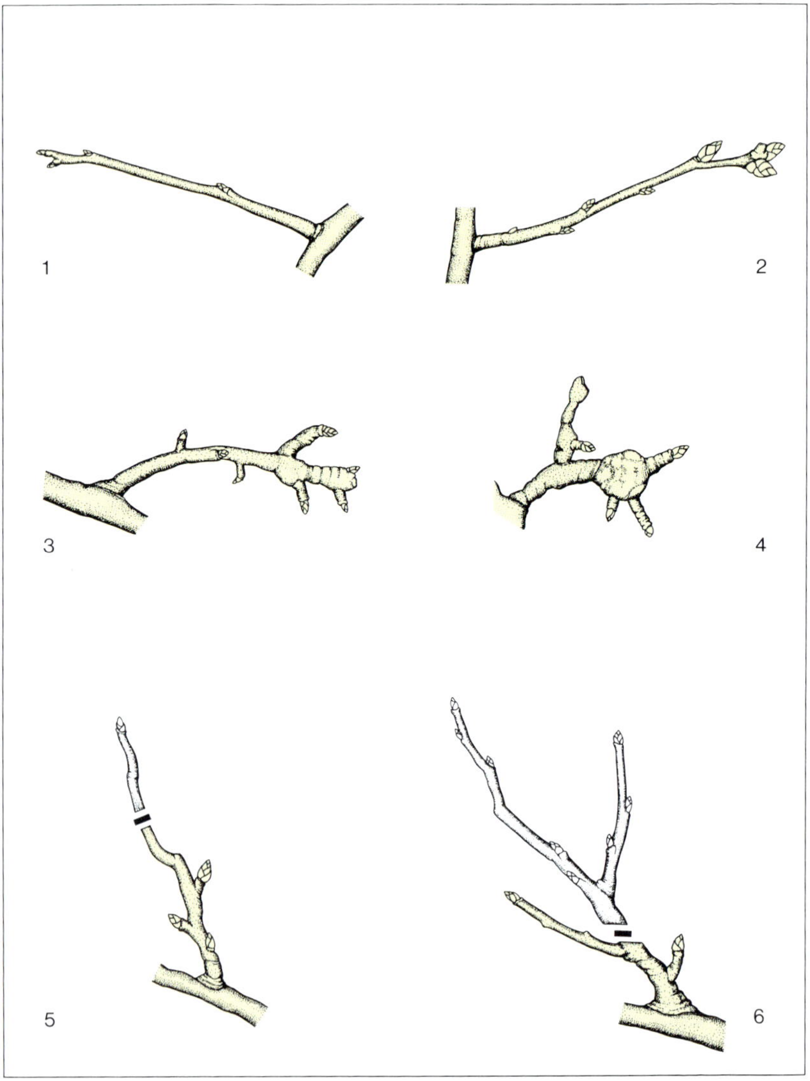

6 = bei 2 oder 3 neuen Austrieben läßt man nur den untersten Trieb stehen; er wird auf 3 bis 4 Augen gekürzt.

Notwendigkeit eines »Fruchtholzschnittes« ein Kennzeichen der naturentfernten und naturbeschränkten Baumform. Beim Kernobst bewirken Fruchtholzerziehung und Fruchtholzschnitt eine Wandlung von ursprünglich für die Holztrieb- und Zweigbildung vorgesehenen Sprossen in Fruchtholz. Beim Steinobst, das am 1jährigen Holz fruchtet, bewirkt ein sachgemäßer Rückschnitt, den man als mäßigen Verjüngungsschnitt ausführen sollte, die Bildung neuer 1jähriger Fruchttriebe.

Langtriebe, Kurztriebe, Augen

Betrachtet man die verschiedenen Gehölze in der freien Natur, so weisen diese zweierlei Triebformen auf: Langtriebe, d.h. solche, deren Augen weit auseinanderstehen, und Kurztriebe, deren einzelne Augen dicht aneinander gedrängt sind. Erstere sind für das Holzgerüst und den arteigenen Kronenaufbau verantwortlich, letztere bringen Blüten und Früchte. Der Beobachter erkennt daraus bereits ein Wachstumsgesetz, das auch den Obstgehölzen eigen ist.
Dieses Wuchsverhalten schafft die Möglichkeit, durch entsprechende Schnittmaßnahmen Langtriebe in Kurztriebe (Fruchttriebe) und umgekehrt Kurztriebe in Langtriebe umzuwandeln. Zusätzlich sind in allen Teilen der Obstgehölze sogenannte schlafende Augen vorhanden, die man durch sachgemäßen Schnitt zum Austrieb anregen kann.

Fruchtholzbildung durch Entspitzen

Um an den sogenannten Tragästen eines Baumes die Seitenaugen der Nebentriebe in kurztriebiges Fruchtholz umzuwandeln und damit eine gleichmäßige Fruchtholzbekleidung zu erwirken, führt man den sogenannten Sommerschnitt durch. Er besteht darin, daß man die noch jungen Spitzen der Langtriebe je nach Wachstum unterschiedlich stark entspitzt (pinziert). Bei den Topfobstbäumen läßt sich dieses leicht durchführen. Kern- und Steinobstbäume entwickeln ihre Blütenknospen nämlich meist auf schwächeren Zweigen. Wo solche nicht vorhanden sind, wird auch der Blütenansatz sehr gering sein.
Unter allen Maßnahmen, die eine zweckmäßige Schwächung des Wachstums bewirken, ist das Entspitzen der Triebe von großer Bedeutung. Dadurch können wir das Wachstum regeln und erzielen neben schönen, regelmäßigen, mit Fruchtholz bekleideten Bäumchen auch gut entwickelte Fruchtzweige mit normalem Blütenansatz.

Richtiges Entspitzen

Wird der Baumschnitt nicht richtig ausgeführt, sind die Nachteile, die dadurch entstehen können, größer als wenn man nicht schneiden würde. Das gilt auch für das Pinzieren. Wir können Vorteile schaffen, aber auch größeren Schaden anrichten.
Das Entspitzen (Pinzieren) kann bei den Obstarten Apfel, Birne, Pflaume, Aprikose und Kirschen durchgeführt werden. Es beginnt, sobald die Triebe, die Fruchtzweige liefern sollen, eine Länge von 15 bis 20 cm erreicht, ihre Endknospen noch nicht gebildet haben und demzufolge weiterwachsen. Diese Triebe sind auf mindestens 10 cm zu kür-

So wird ein normaler Trieb richtig entspitzt.

Triebe, die vermutlich zu stark werden, kürzt man stärker ein.

zen. Durch dieses Kürzen wird das Wachstum der Triebe gehemmt und die Nährstoffe kommen den unteren Augen zugute, die sich sonst gar nicht oder zu spät entwickelt hätten.

Bei stark wachsenden Bäumchen kommt es vor, daß das Wachstum noch nicht nachläßt und die entspitzten Triebe nochmals austreiben. In diesen Fällen wird der sich neu bildende Austrieb ebenfalls pinziert. Sollte sich wiederum ein neuer Trieb entwickeln, wird dieser dicht über der Stelle gestutzt, wo zum 2. Mal entspitzt wurde. Dieses mehrmalige Kürzen der Triebspitzen erfolgt nur an den Trieben, die sich direkt aus dem Zweig entwickeln. Jungtriebe, die von Fruchtzweigen getragen werden, werden auf 2 gut entwickelte Augen pinziert.

Ringelspieße können nur dann ertragsfähig bleiben, wenn mindestens eines der am Fruchtkuchen vorhandenen Augen zur Entwicklung kommt. Einige dieser Augen bilden weiterhin Ringel- und Fruchtspieße, deren Augen sich von selbst in Blütenknospen umwandeln.

Zuvor wurden Regeln genannt, die beim Pinzieren zu berücksichtigen sind. Dessenungeachtet gibt es genügend andere Fälle die von den hier gegebenen Hinweisen abweichen. Bei aufmerksamer

Falls der entspitzte Trieb sofort wieder austreibt, wird er ein 2. Mal entspitzt.

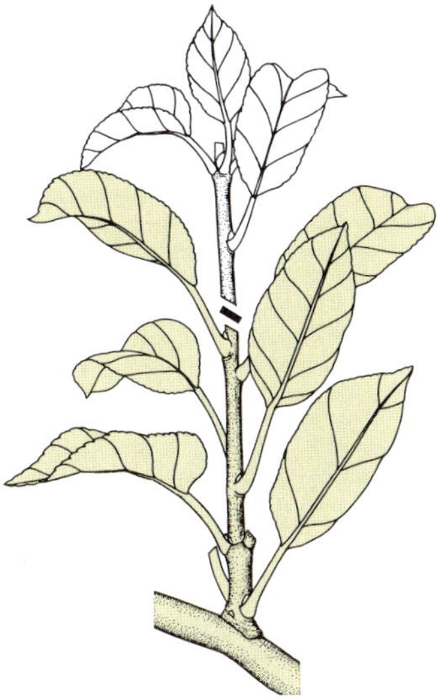

Beobachtung der Auswirkungen des Entspitzens wird der Erfolg jedoch nicht ausbleiben.

Fruchtholzschnitt

Zeigt sich am Fruchtholz ein starker Blütenansatz, so daß man einigermaßen erkennen kann, welche Knospen im nächsten Jahr blühen werden, kann man auf Blütenknospen schneiden. Ist aber nur wenig Blütenansatz vorhanden und kann man annehmen, daß die Knospen sich im nächsten Jahr noch nicht zu Blütenknospen entwickeln werden, so kürzt man den 1jährigen Trieb des mehrjährigen Holzes auf 3 bis 4 Augen. Unter Blütenansatz versteht man vollständig entwickelte Blütenknospen und solche, die erst im 2. Jahr zu Blütenknospen werden.
Auch bei Vergabelungstrieben, die sich häufig in den ersten Jahren am Fruchtholz bilden, schneidet man auf dem am tiefsten stehenden 1jährigen Trieb auf 3 bis 4 Augen zurück. Sollten sich, was mitunter vorkommt, zwischen zwei Vergabelungstrieben Blütenknospen gebildet haben, wird der tieferstehende Trieb ohne Blütenansatz entfernt.

Fruchtholz beim Steinobst

Während das Fruchtholz des Kernobstes jahrelang Früchte tragen kann und wir nur durch Schnittmaßnahmen für die Umbildung der Holztriebe zum Fruchtholz bemüht sein müssen, ist es beim Steinobst anders. Das Steinobst trägt am 1jährigen Holz. Das Fruchtholz, das getragen hat, stirbt ab und die Zweige verkahlen. Am deutlichsten sehen wir es bei den Sauerkirschenbäumen. Sie vertragen Schnittmaßnahmen besser als Süßkirschen. Gleich nach der Ernte oder auch im Frühjahr bei Beginn der Saftzirkulation wird das schwache Fruchtholz stark zurückgeschnitten, während man das kräftige etwas länger läßt. Hierdurch erzielt man 1jährige kräftige Austriebe, die vor allem von der *Monilia* (Zweigdürre) frei sind und regelmäßig fruchten.

Knospen und Fruchtholz bei Pfirsich

Auf den Zweigen des Pfirsichbaumes erkennen wir unterschiedliche Knos-

Knospen und Fruchtholz bei Pfirsich: Unfruchtbare Holzzweige (links) schneidet man entweder ganz weg oder auf 2 Augen zurück. Ein wertvoller Fruchtzweig (Mitte) wird auf etwa 4 bis 6 gemischte Knospen eingekürzt. Älteres Fruchtholz (rechts) kann schwach gekürzt werden, um eine eventuelle Fruchtentwicklung abzuwarten. Danach wird der Zweig jedoch auf astnahe Augen zurückgenommen. Um neues Fruchtholz zu fördern, wird meist nicht gewartet.

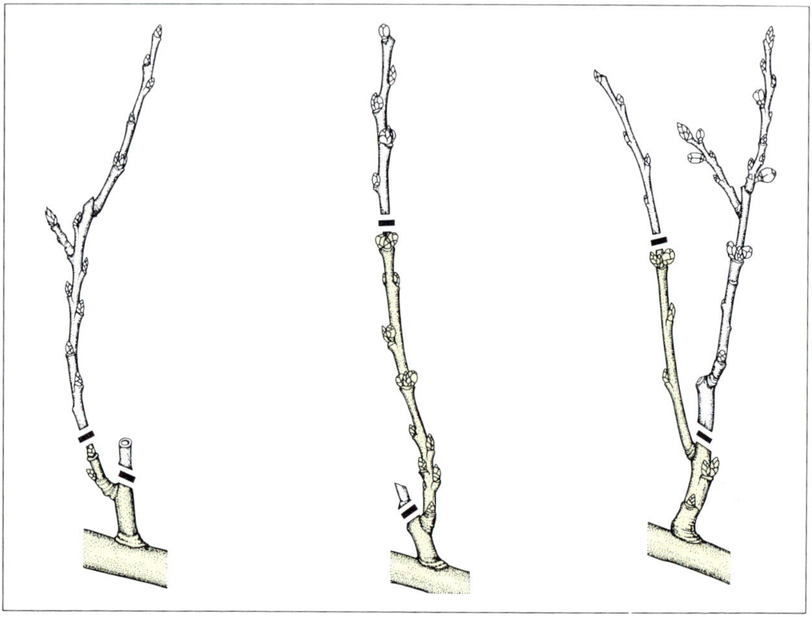

pen: dicke rundliche Blütenknospen und schmale spitze Blattknospen. Die Position der Knospen ist dabei sehr unterschiedlich. Es kommt vor, daß einzelne Blütenknospen oder einzelne Blattaugen allein auf dünnen Trieben sitzen. An manchen starken Zweigen befinden sich nur Blattknospen, an einzelnen dünnen Fruchtzweigen nur Blütenknospen. Diese Blütenknospen sind völlig wertlos, weil sie mangels Blattaugen bald absterben.

Die guten Fruchttriebe sind dagegen mit doppelten und 3fachen Knospen besetzt und haben an der Basis einige einfache Blattknospen. Die Mehrzahl der Fruchtäste hat indes nur einfache und doppelte Knospen und die Spitze ist eine Blattknospe.

Vorzügliche Fruchtträger sind die kurzen nur einige Zentimeter langen, sogenannten Bukettzweige. Diese haben an ihrer Spitze inmitten von Blütenknospen eine Blattknospe und werden nicht bzw. nur vorsichtig beschnitten.

Beim Schnitt ist darauf zu achten, daß wir möglichst nur solche kurzen Äste beibehalten und fruchten zu lassen, die oberhalb der Blüten auch Blattknospen haben. Diese Äste müssen auch an ihrer Basis einige Blattknospen haben, auf die wir, wie bereits erwähnt, zum Her-

Vorzügliche Fruchtträger bei Pfirsich sind die Bukettzweige.

Sie dürfen nur sehr umsichtig und erst, nachdem sie getragen haben,

geschnitten werden. Ziel ist, die Entwicklung neuer Bukettriebe zu

fördern. Bei den rechten Trieben kann an 2 Stellen geschnitten werden.

vorbringen des nächstjährigen Fruchtholzes zurückschneiden können. Obwohl lange, dünne, nur mit einfachen und doppelten Blütenknospen und mit einer Blattknospe an der Spitze besetzte Äste Früchte tragen können, sterben sie im Herbst ab und hinterlassen kahle Stellen.

Man merke sich: Ein Rückschnitt darf nie über einer einzelnen Blüte erfolgen, da der geschnittene Trieb sonst bis zur nächsten Blattknospe abstirbt. Triebe an denen die Blüten taub abfallen, kann man sofort auf 2 an der Basis befindliche Augen zurückschneiden. Bei der Beachtung dieser Hinweise kann man ohne große Schwierigkeiten im Frühjahr seine Pfirsichbäume schneiden.

Sommerschnitt

Der Schnitt der belaubten Topfbäumchen im Sommer ist wichtiger als der Winterschnitt. Durch den Sommerschnitt wird ein guter Aufbau des Baumes, ein besserer Fruchtansatz und eine gleichmäßige Gestalt erzielt. Der Hauptzweck ist die Regulierung der Saftverteilung im Fruchtholz.

Der Sommerschnitt umfaßt folgende Maßnahmen:

Ein Apfelbäumchen vor dem Sommerschnitt . . .

. . .und nach dem Sommerschnitt.

- Entspitzen der Jungtriebe,
- Schnitt an Vergabelungen an 1jährigem Fruchtholz,
- Entspitzen der Jungtriebe, die sich am mehrjährigen Fruchtholz unterhalb eines Blütenansatzes gebildet haben,
- nochmaliges Entspitzen der Jungtriebe.

Beim ersten Entspitzen werden die Jungholztriebe auf 4 bis 6 Blätter entspitzt. Fruchtruten und Fruchtspieße werden nicht entspitzt. Das 2. Entspitzen erfolgt je nach Alter und Wachstum der Bäume 4 bis 5 Wochen später. Bei allen Bäumchen ist das 2. Entspitzen unbedingt erforderlich, sonst bilden sich zuviel Jungtriebe, die den Fruchtansätzen Nährstoffe entziehen.

Bei Topfbäumchen, die schon im Ertrag sind, besonders aber bei jungen Bäumchen, ist das Entspitzen schwieriger. Man kann schon den nächstjährigen Fruchtansatz erkennen und muß ihn berücksichtigen. Es kann nämlich vorkommen, daß die noch in der Umbildung befindlichen Fruchtansätze durch das Entspitzen angeregt werden, neue Jungholztriebe zu bilden und die Blütenansätze deshalb durchtreiben. Bei älteren Topfbäumen ist dieses weniger zu befürchten, weil die vorhandenen Früchte nahezu alle Nährstoffe, die der Baum aufnimmt, verbrauchen und hierdurch der Trieb nachläßt.

Obstarten und Obstsorten

Schon in früheren Abschnitten wurde darauf hingewiesen, daß bei der Erziehung und Pflege dieser Kleinobstbäume gegenüber den Obstbäumen im Freilandanbau ein Umdenken erforderlich ist. Topfbäumchen, gleich welcher Obstart, sollen Zier- und Nutzpflanzen sein. Demzufolge können die Kulturmaßnahmen, wie sie im Freilandobstbau durchgeführt werden, nicht schablonenhaft auf Topfbäume übertragen werden.
Bis auf wenige Abweichungen, z.B. Schnitt des Pfirsichs, unterliegen in der Topfobstkultur alle Kern- und Steinobstarten im wesentlichen den gleichen Behandlungs- und Pflegemaßnahmen. Den besonders wärmebedürftigen Steinobstarten Pfirsich und Aprikose sowie Weinrebe und Feige ist gemäß ihrer Herkunft ein sonniger und warmer Platz einzuräumen. Schäden durch Fröste sind nicht zu befürchten, weil ein vorsorglicher Schutz bei der Überwinterung aller Topfbäumchen vorgesehen ist. Wenn trotz bester Behandlung und Pflege das eine oder andere Topfobstbäumchen nicht gedeihen mag, kann dies daran liegen, daß eine ungeeignete Sorte ausgewählt wurde. Um diesbezüglich Fehler auszuschließen, werden im folgenden die für die Topfobstkultur geeigneten Sorten vorgestellt.

Sorten und Befruchtungsverhältnisse

Topfobstbäume sind Zier- und Nutzpflanzen, deren Wert in ihrer Blüh- und Fruchtwilligkeit liegt. Das Vorhandensein von Blüten – auch eine überreichliche Blüte – sichert aber keineswegs auch

Die Birnensorte 'Alexander Lukas' braucht, um Früchte entwickeln zu können, einen geeigneten Pollenspender, der zur gleichen Zeit blüht.

einen guten Fruchtansatz. Das Ausbleiben der Früchte oder ein mangelhafter Fruchtbehang haben verschiedene Ursachen, beruhen aber meist auf einer ungenügenden Befruchtung.

Selbstfruchtbar oder selbstunfruchtbar

Die Befruchtung einer Blüte setzt voraus, daß Blütenstaub oder Pollen auf die sogenannten Narben übertragen werden. Dieser Vorgang wird als Bestäubung bezeichnet, gewährleistet aber noch keine Befruchtung. Die Bestäubung, d.h. die Übertragung des Blütenstaubes von einer Blüte zur anderen, erfolgt bekanntlich vornehmlich durch Bienen und Hummeln.
Die Obstarten und Sorten verhalten sich bezüglich der Befruchtung unterschiedlich. Bei Apfel, Birne und Süßkirsche führt der sorteneigene Blütenstaub nicht zur Befruchtung. Sie sind selbstunfruchtbar (selbststeril), während Pfirsich, Nektarine, Aprikose selbstfruchtbar sind und ohne Fremdbestäubung auskommen. Auch Sauerkirschen sind – mit wenigen Ausnahmen – selbstfruchtbar und tragen auch als einzelstehende Bäumchen. Bei Pflaumen, Zwetsche, Reneklode und Mirabelle gibt es selbstfruchtbare und selbstunfruchtbare Sorten. Bei den Reben und den Beerenobstarten Johannisbeere, Stachelbeere, Himbeere, Brombeere, Erdbeere liegt Selbstfruchtbarkeit vor.

Pollenbildner und Pollenspender

Man muß wissen, daß es gute und schlechte Pollenbildner gibt. Schlechte Pollenbildner sind zugleich schlechte Pollenspender, die keinen keimfähigen Blütenstaub bilden, weil sie einen unregelmäßigen Satz von $3 \times 17 = 51$ Chromosomen, den Trägern der Erbanlagen besitzen. Dazu gehören die Apfelsorten 'Boskoop', 'Gravensteiner' und andere, die als triploid (3 Chromosomensätze) bezeichnet werden.
Gute Pollenbildner sind gute Pollenspender und zugleich gute Vater- und Muttersorten. Sie haben einen regelmäßigen Satz von 2×17 Chromosomen, z.B. 'Goldparmäne', 'James Grieve', 'Cox Orange' und andere. Man nennt diese Sorten diploid (2 Chromosomensätze). Hierzu muß man wissen, daß diploide Sorten sowohl triploide wie diploide Sorten befruchten können, aber nicht umgekehrt, d.h. diploide Sorten können nicht von triploiden Sorten befruchtet werden. Bei der Sortenwahl sollte man auf diese Zusammenhänge achten.

Blütezeit

Weil die Mehrzahl der Obstsorten als Fremdbefruchter auf den Blütenstaub anderer Sorten angewiesen ist, muß man wissen, welche Sorten zu gleicher Zeit blühen. Nur bei gleicher Blütezeit ist eine gegenseitige Befruchtung denkbar.
Die Blütezeit, ihr Beginn und Verlauf ist von den Witterungsverhältnissen abhängig. Es ist hierbei zwischen Früh- und Spätblühern zu unterscheiden. Die Blütezeit frühblühender Sorten reicht zuweilen in die Blütezeit spätblühender Sorten hinein, so daß auch die gegenseitige Befruchtung von Früh- und Spätblühern gegeben ist. Die Blütezeit der Spätblüher ist aber kürzer und man muß damit rechnen, daß bei besonderen Witterungsverhältnissen eine gegenseitige Bestäubung von Früh- und Spätblühern ausfallen kann. Somit ist die Kenntnis und Beachtung der Blütezeiten der Obstarten und ihrer Sorten, ebenso die Auswahl geeigneter Pollenspender Voraussetzung und mitbestimmend für den Fruchtansatz und die Ertragsleistung einer Sorte.
Nachstehend eine kurzgefaßte Übersicht über die Befruchtungsverhältnisse bei den wichtigsten Obstarten.
Apfel, Birne und Süßkirsche sind selbstunfruchtbar. Jede Sorte benötigt einen zur gleichen Zeit blühenden, geeigneten Pollenspender. Sauerkirschen sind mit Ausnahme einiger Sorten, u.a. 'Köröser Weichsel', 'Mailot', 'Königin Hortense', selbstfruchtbar und auch einzeln stehend recht dankbare Träger.
Nachstehend genannte Apfel- und Birnensorten sind eine begrenzte Auslese aus der Vielzahl im Anbau befindlicher Sorten, welche sich sehr gut für die Topfkultur eignen. In der Übersicht bedeuten f = frühblühend, mf = mittelfrüh blühend, sp = spätblühend.

Apfelsorten		
'Klarapfel'	f	guter Pollenspender
'James Grieve'	mf	guter Pollenspender
'Cox Orange'	mf	guter Pollenspender
'Boskoop'	mf	schlechter Pollenspender
'Ontario'	mf–sp	guter Pollenspender
'Weißer Winter-Calvill'	mf–sp	guter Pollenspender
'Goldparmäne'	mf–sp	guter Pollenspender
'Berlepsch'	sp	guter Pollenspender

Birnensorten		
'Trevoux'	mf	guter Pollenspender
'Williams Christ'	mf–sp	guter Pollenspender
'Vereinsdechant'	mf–sp	guter Pollenspender
'Alexander Lukas'	mf	schlechter Pollenspender

Auch im kleinen Hausgarten lassen sich eine ganze Reihe von Apfelbäumchen aufstellen.

'James Grieve' ist eine altbewährte Apfelsorte.

Sortenwahl

Es gibt wohl keine Obstart, deren Sorten nicht für die Topfkultur geeignet sind. Beim Kernobst wähle man nur Sorten, die sich besonders durch ihren Geschmack auszeichnen und im Handel zu haben sind. Die Fruchtgröße ist dabei weniger von Bedeutung, denn ein mit kleineren, aber geschmacklich ausgezeichneten Früchten behangenes Bäumchen ist wertvoller als ein Bäumchen mit größeren, aber weniger Früchten.
Von anderer Bedeutung ist dagegen die Zeit der Pflück- und Genußreife der Sorten. Bei den Frühsorten ist die Freude am fruchtbehangenen Bäumchen und die Genußreife der Früchte von sehr kurzer Dauer. Demzufolge wird man bei der Sortenwahl, neben einigen Frühsorten, den mittelspäten und späten Sorten einen gewissen Vorrang einräumen.
Bedingt durch die Vielfalt der vorhandenen Sorten steht eine reiche Auswahl zur Verfügung. Um Mißerfolge mit nicht geeigneten Sorten zu vermeiden, genügen am Anfang der Topfobstkultur wenige, aber erprobte Sorten. Man lernt dabei sehr bald die Eigenarten der Obstarten und Sorten bzw. ihr Verhalten in Pflanzgefäßen kennen und auszuwerten. Ebenso eröffnet sich, auch wenn man nur wenig Gartenland zur Verfügung hat, ein weites Feld zum Sortenstudium, insbesondere der Kernobstarten. Hierzu nachstehend eine kurzgefaßte Charakterisierung von einigen für die Topfobstkultur geeigneten Sorten.

Apfel

Erste Erfahrungen mit Obstbäumen im Topf lassen sich am besten am Beispiel des Apfels sammeln. Von allen Obstarten ist der Apfel am dankbarsten. Wuchs, Lebensdauer und Erträge sind gut. Man beginnt zunächst mit 1 oder 2 Bäumchen.
Aus dem großen Sortenangebot werden nachfolgend die bekanntesten Apfelsorten, einige Neuheiten und ein paar ältere Sorten, die fast vergessen, aber noch immer kulturwürdig sind, vorgestellt.

Bekannte Sorten

'Klarapfel'
Ein aus Lettland stammender Zufallssämling. Frühblühend, guter Pollenspender. Sollte als wertvoller Frühapfel im Topfobstsortiment nicht fehlen. Es genügt allerdings 1 Baum.
Pflückreife Anfang Juli, Genußreife Mitte Juli bis August.

Unten:
'Goldparmäne' entwickelt einen dichten Fruchtbehang, der ausgedünnt werden muß.

Rechts:
'Cox Orange' wird wegen ihres Geschmacks geschätzt, ist aber anspruchsvoll in der Pflege.

Weil der 'Klarapfel' zur Kleinfrüchtigkeit neigt und die Früchte ungleich reifen, ist ein rechtzeitiges Ausdünnen und später ein Durchpflücken zu empfehlen. Bei zu frühem Pflücken leidet der Geschmack und bei zu später Ernte werden die Früchte mehlig.

'James Grieve'
Ein aus Schottland stammender Sämling der Sorte 'Pott's Seedling'. Mittelfrühe Blüte, guter Pollenspender (diploid).
Baumreife Mitte August, Genußreife August bis Ende Oktober.
Bedingt durch meist regelmäßigem und reichlichen Fruchtansatz auch nach dem natürlichem Fruchtfall im Juni ist ein zusätzliches Ausdünnen zur Verbesserung der Fruchtqualität anzuraten. Neben dem gelben Grundtyp hat sich bei Vergleichsprüfungen der 'Rote James Grieve, Typ Erich Neumann', als besonders fruchtbar gezeigt.

'Gravensteiner'
Ein nach Schloß Graafenstein (Dänemark) benannter Zufallssämling, der dort auch entstanden sein soll. Sehr früh blühend, aber als Pollenspender ungeeignet (triploid). Pflückreife Ende August bis Mitte September, Genußreife September bis November.
'Gravensteiner' verlangt hohe Bodenfeuchtigkeit. Starken Behang ausdünnen. Frucht mit frischem Aroma. Bei zu früher Pflücke leidet der Geschmack.
Diese Sorte ist wegen ihres starken Wuchses und der Frostempfindlichkeit für die Topfobstkultur nicht unbedingt zu empfehlen.

'Goldparmäne'
Dieser bekannte Apfel ist ein Zufallssämling, der schon um 1700 in Frankreich bekannt war und später über England seine Verbreitung fand. Mittelspät in der Blüte, guter Pollenspender, besonders für die Sorte 'Boskoop'.
Baumreife im September, Genußreife im Oktober bis Dezember.
Die Bäume garnieren sich reichlich mit Quirlholz. Demzufolge entwickelt sich mehr oder weniger ein eng zusammenhängender Behang, der frühzeitig ausgedünnt werden muß, um vollentwickelte Früchte zu erzielen.

'Cox Orange'
Eine englische Sorte aus Samen von 'Ribston Pepping'. Bestäubung durch Pollen von 'Blenheim Orange'. Mittelfrüh blühend, guter Pollenspender. Um 1850 in den Baumschulen eingeführt.
Baumreife im September, Genußreife im Oktober bis Dezember.
Bekanntlich wird 'Cox Orange' geschmacklich sehr hoch bewertet, ist aber auch in der Pflege anspruchsvoller als andere Sorten. Bei Trockenheit wird man nachwässern müssen, da die Bäume sonst ihre Früchte abstoßen.
Man muß wissen, daß es neben der

Links:
Bei 'Boskoop' sollte man den rotfrüchtigen Typ bevorzugen.

Unten:
Ein Frühapfel von hoher Qualität ist 'Discovery'.

Grundsorte noch mehrere Typen gibt, von denen unter anderen bei Vergleichs-Prüfungen der Typ 'Ottensen' recht vorteilhaft bewertet wurde.

'Berlepsch'
Um 1880 in Grevenbroich (Niederrhein) aus den Sämlingen der Kreuzung 'Ananasrenette' × 'Ribston Pepping' entstanden. Guter Pollenspender, aber frostempfindlich (Blüte und Holz!). Pflückreife Ende September/Anfang Oktober, Genußreife November bis März. Frucht aromatisch und reich an Vitamin C.
Obwohl 'Berlepsch' stark wächst, wird er in älteren Schriften für die Topfobstkultur empfohlen. Man sollte aber den rotfrüchtigen Typ 'Roter Berlepsch' wegen seiner geringeren Wuchsstärke und der besseren Fruchtfärbung bevorzugen.

'Boskoop'
Dieser Apfel wurde um 1856 in einer holländischen Baumschule als sogenannte Mutante (Mutation) an einem Jungbaum entdeckt und von hier aus verbreitet. Mutationen sind im Pflanzenkörper spontan ausgelöste Veränderungen der Erbmasse, welche nicht als Folge von Kreuzungen auftreten.
Eine mittelfrüh blühende Sorte, aber ein schlechter Pollenspender (triploid). Wie schon erwähnt ist die 'Goldparmä-

Die Sortenneuheit 'Idared' verlangt einen warmen Standort.

ne' als diploide Sorte für triploide Sorten eine vorzügliche Bestäubersorte, somit auch für 'Boskoop'.
Baumreife im Oktober. Genußreife je nach der Lagermöglichkeit im Dezember bis April.
Der Geschmack ist erfrischend, kräftig säuerlich, etwas renettenartig gewürzt. Während 'Cox Orange' wegen seines vorzüglichen Geschmacks als der Apfel für Frauen bezeichnet wird, spricht man vom 'Boskoop' als dem Apfel der Männer. Neben der Ursprungssorte (gelbschalig) existieren zahlreiche Typen, von denen der 'Rote Boskoop' in seinen Varianten bevorzugt wird.

Neuheiten

'Discovery'
Im Jahr 1949 in England als Sämling entdeckt und seit 1964 im Anbau. Sehr gute Polleneigenschaften. Pflückreife Mitte August, Genußreife nach dem Pflücken bis September. Der Geschmack ist aromatisch und feinsäuerlich, später mild und süßlich.
Ein Frühapfel von hoher Qualität. Wegen seiner relativ bescheidenen Ansprüche, des geringen Pflegebedürfnisses und des schwachen Wuchses ist diese Sorte für die Topfobstkultur besonders geeignet.

'Idared'
Mitte der 30er Jahre in den USA entdeckt und seit 1942 bekannt. Guter Pollenspender. Für geschmacklich gute Fruchtqualität ist ein warmer Standort erwünscht. Pflückreife Mitte bis Ende Oktober, Genußreife von Januar bis April.
Geschmack feinsäuerlich. Der Wuchs ist schwach bis mittelstark. Ein Rückschnitt der 1jährigen Langtriebe ist wegen der Anfälligkeit für Mehltau und zur Verbesserung der Fruchtqualität anzuraten.

Ältere Sorten

'Oldenburg'
Entstand 1897 in Geisenheim. Guter Pollenspender, Blüte mäßig frostempfindlich. Pflückreife Anfang bis Ende September, Genußreife September bis November. Frucht mild säuerlich, aber ohne besonderes Aroma. Früher und regelmäßiger Ertrag. Bei starkem Behang ist die Fruchtgröße unzureichend. Es empfiehlt sich auszudünnen. Der Wuchs ist zunächst mittelstark und wird später schwächer.

'Signe Tillisch'
Angeblich 1866 in Jütland aus Samen unbekannter Eltern gezogen. Guter Pollenspender. Bevorzugt zwar nicht zu kühle Lagen, trotzdem wenig frostempfindlich.
Pflückreife Mitte bis Ende September, Genußreife Oktober bis November. Frucht süß und würzig. Kurztriebigkeit und Blüte an den Triebenden ist für kleinkronige Bäume, wie in der Topfobstkultur erwünscht, vorteilhaft.

'Ontario' ist eine wertvolle Spätsorte mit reicher Fruchtbarkeit.

'Ontario'
Eine in Ontario (Kanada) entstandene Sorte, aus der Kreuzung von 'Northern Spy' mit 'Wagenerapfel' hervorgegangen.
Dieser Apfel fand um 1882 über die französische Baumschule Transon auch in Europa Verbreitung.
Es ist eine wertvolle Spätsorte mit reicher Fruchtbarkeit. Die Frucht ist bei der Ernte grün, später hellgelb mit leichter Rotzeichnung. Im Geschmack angenehm säuerlich. Die Blüte ist gegen Spätfrost wenig empfindlich. Baumreife im Oktober, Genußreife von Januar bis April.

‘Champagner’

Die Sorte soll aus der Champagne (Frankreich) stammen. Wurde 1799 erstmals beschrieben. Guter Pollenspender. Hohe Ansprüche an Wärme. Blüten frosthart, Triebspitzen erfrieren mitunter bei Frösten im Herbst. Pflückreife Ende Oktober, Genußreife Dezember bis Mai. Geschmack säuerlich und erfrischend.

Mittelstarker Wuchs, der später schwächer wird. Frühe und regelmäßige Fruchtbarkeit. Weitgehend widerstandsfähig gegen Krankheiten.

’Blenheim’

Auch unter dem Namen ‘Goldrenette von Blenheim’ bekannt. Schlechter Pollenspender, bevorzugt milde, windgeschützte Lage. Blüte frostempfindlich. Pflückreife Mitte September bis Anfang Oktober, Genußreife November bis Februar. Die Frucht ist saftreich, im Geschmack würzig.

Sorte wächst sehr stark, deshalb nur eingeschränkt für die Topfobstkultur zu empfehlen. Liefert jedoch eine relativ hohe Zahl gut ausgebildeter Früchte. Sehr gut zum Aufpfropfen geeignet.

‘Weißer Winter-Calvill’

Eine seinerzeit bevorzugte Tafelfrucht französischen Ursprungs. Der »König der Äpfel«, wie er genannt wurde, erlangt, in Pflanzgefäßen kultiviert, einen besonderen, feinen Geschmack. In Verbindung mit seiner Fruchtgröße und feinen Fruchtfarbe, weißrötlich angehaucht, übertrifft er alle anderen Apfelsorten. Im Ertrag sehr dankbar. Blüte mittelfrüh und guter Pollenspender. Obwohl der ‘Weiße Winter-Calvill’ wärmebedürftiger ist als andere Apfelsorten, sollte er in der Topfkultur nicht fehlen.

Links: 'Blendheim', eine alte Sorte, wächst stark und ist nur eingeschränkt für die Topfobstkultur geeignet, liefert aber eine hohe Zahl gut ausgebildeter Früchte. Unten: 'Clapps Liebling' ist eine großfrüchtige, schöne und wohlschmeckende Frühbirne.

Birne

Birnen werden wie Apfelbäume behandelt, nur müssen sie kürzer im Schnitt gehalten werden. Auch für einen warmen Standplatz sind sie recht dankbar. Bei der Sortenwahl achte man auf geeignete Pollenspender, die zu gleicher Zeit wie die Pollenempfänger blühen. Wer dies nicht beachtet, wird Enttäuschungen hinnehmen müssen.
Bei reichem Fruchtansatz ist nach dem Junifall das Ausdünnen für die Entwicklung und Güte der Früchte von Vorteil.

'Trévoux'
In Frankreich gezüchtet, 1862 erste Früchte. Blüte mittelfrüh, ziemlich unempfindlich und widerstandsfähig gegen Frost. Guter Pollenspender. Pflückreife Anfang August, Genußreife Ende August/Anfang September.
Wohlschmeckende Tafelbirne. Wuchs mittelstark, später schwächer. Wegen der pyramidalen Kronenform für die Topfobstkultur gut geeignet. Wenig anfällig für Krankheiten.

'Clapps Liebling'
Vor 1860 in Massachusetts (USA) gezüchtet und kurz nach 1867 in Deutschland eingeführt. Mittelspät blühend, guter Pollenspender. Blüte wenig frostempfindlich. Pflückreife August, Genußreife August/September.
Großfrüchtige, schöne und wohlschmeckende Frühbirne. Trotz starken Wuchses in älteren Schriften für die Topfkultur empfohlen. Keine besonderen Ansprüche.

'Williams Christ'
Sehr alte und bekannte Sorte. Wurde 1770 in England entdeckt. Mittelspät blühend, guter Pollenspender. Pflückreife im August. Genußreife im August bis September, die meist mit der Urlaubszeit einhergeht. Holz frostempfindlich, Blüten weniger.
Da die Früchte nicht lagerfähig sind und zu schnell reif werden, ist dies bei der Sortenwahl mitzubeachten. Neben der bekannten Tafel- und Konservenfrucht gibt es auch die Sorte 'Rote Williams Christ'.
Die Erträge beider Typen setzen im allgemeinen früh und regelmäßig ein. Auch bei reichem Ansatz ist ein Ausdünnen nicht immer erforderlich, da ein zu starker Fruchtansatz meist vom Baum selber abgestoßen wird.

Die altbekannte 'Gute Luise' trägt reichlich große Tafelfrüchte.

'Alexander Lukas' entwickelt nur an einem warmen Standort wohlschmeckende Früchte.

'Gute Luise'
Auf einem Landgut in der Normandie 1778 gefunden oder gezüchtet. Mittelspät blühende Sorte, guter Pollenspender. Holz und Blüten nur mäßig widerstandsfähig gegen Frost.
Pflückreife Ende September, Genußreife Oktober.
Es ist eine reich tragende, großfrüchtige Tafelsorte. Bei zu starkem Fruchtansatz muß ausgedünnt werden. Wegen des hocharomatischen Geschmacks eine in Europa weit verbreitete Herbstsorte.

'Alexander Lukas'
Um 1870 bei Blois an der Loire (Frankreich) gefunden. Mittelfrüh blühend, schlechter Pollenspender. Holz und Blüte gering bis mäßig widerstandsfähig gegen Frost. Pflückreife September/Oktober, Genußreife Oktober bis Dezember. Großfrüchtige Tafelbirne, schwach aromatisch. Nur an einem warmen Standort gibt es wohlschmeckende Früchte. Zunächst mittelstarker Wuchs, dann schwach. Für Hobbygärtner eine Hauptsorte.

'Vereinsdechant'
In Angers (Frankreich) gezüchtet, um 1865 nach Deutschland gekommen. Mittelspät blühend, guter Pollenspender. Holz und Blüte wenig frostempfindlich.
Pflückreife Mitte Oktober, Genußreife Ende Oktober.
Eine sehr feine saftige und große Tafelbirne, die sich durch ihren pyramidalen Wuchs sehr gut für die Topfkultur eignet. Frucht saftig, kräftig süß und würzig. Wird als edelste Novemberbirne betrachtet. Spitzensorte!

Unten: 'Vereinsdechant' ist eine saftige und große Tafelbirne. Durch ihren pyramidalen Wuchs ist sie für die Topfobstkultur bestens geeignet. Rechts: 'Diels Butterbirne' ist als Topfbaum sehr fruchtbar und bringt große feine Früchte.

'Josephine von Mecheln'
Um 1830 in Belgien gezüchtet. Mittelspät blühend, guter Pollenspender. Holz und Blüte beachtlich widerstandsfähig gegen Frost. Pflückreife Oktober, Genußreife November bis März.
Eine hochfeine, saftige und große Spätwinter-Tafelbirne. Hauptwintersorte für den Liebhaberanbau.

'Diels Butterbirne'
1811 in Belgien gefunden. Mittelfrüh blühend, schlechter Pollenspender. Holz und Blüte wenig widerstandsfähig gegen Fröste. Pflückreife Mitte Oktober, Genußreife Oktober bis November. Als Topfbaum sehr fruchtbar mit großen feinen Früchten, jedoch nur an warmen, geschützten Standorten. Liebhabersorte.

'Le Lectier'
Entstand um 1882 in Orleans aus einer Kreuzung von 'Williams Christ' und 'Glücksbirne'. Mittelfrüh blühend, guter Pollenspender. Holz und Blüte wenig widerstandsfähig gegen Frost. Pflückreife Oktober, Genußreife November bis Dezember.
Feine, angenehm würzige Tafelbirne, die einen warmen, geschützten Standort, z. B. an einer Gebäudemauer, wünscht.

Nur dort entsprechende Geschmacksausprägung. Für Liebhaber einer edlen Frühwinterbirne.

'Gräfin von Paris'
Ende des 19. Jahrhunderts in Frankreich gezüchtet. Früh blühend, guter Pollenspender. Blüten nur mäßig, Holz gut widerstandsfähig gegen Frost. Pflückreife Oktober/November, Genußreife Dezember bis Februar.
Tafelbirne von unterschiedlicher Güte, je nach Witterung und Standort. Bevorzugt aber warme, geschützte Lage. Wuchs mittelstark bis schwach, eine schöne pyramidale Krone bildend. Deshalb für die Topfobstkultur zu empfehlen, weniger wegen der Früchte.

Kirsche

Süß- und Sauerkirschen sind zwar auf dem Markt baumfrisch zu bekommen, haben aber ihren Preis. Darum sollte man neben allen anderen Obstarten einige Kirschenbäumchen allein schon wegen ihrer Blütenpracht in die Topfkultur miteinbeziehen. Bei der Auswahl der Süßkirschensorten ist auf die unterschiedlichen Reifezeiten, angegeben in sogenannten Kirschwochen, zu achten. Man rechnet mit 7 Kirschwochen, wobei die 1. Kirschwoche in der Zeit vom 24.5. bis 6.6., die 7. Kirschwoche in der Zeit vom 10.8. bis 20.8. liegt.
Sauerkirschen sind mit wenigen Ausnahmen selbstfruchtbar und können auch ohne Pollenspender als Einzelbäumchen dankbare Erträge bringen. Süßkirschen sind dagegen selbstunfruchtbar. Damit es zur erwünschten Befruchtung kommt, muß man mindestens 2 geeignete Sorten zusammenstellen.

Süßkirschen

'Kassins Frühe'
Bekannte Süßkirsche für den Liebhaberanbau in Haus- und Kleingarten. Schwarzbraune Herzkirsche. Blüht sehr früh, deshalb auf Frostschutz achten. Als Pollenspender eignet sich 'Hedelfinger'. Reife Ende der 1. bis Anfang der 2. Kirschwoche. Geschmacklich einer der besten Frühsorten. Baum stark wachsend.

'Souvenir des Charmes'
Größte und wertvollste Frühsorte für Liebhaber. Dunkle Knorpelkirsche. Fruchtfleisch süß und saftig. Blüte früh, aber sehr empfindlich und bei Spätfrösten gefährdet. Frucht verträgt Niederschläge nur sehr schlecht. Reife in der 2.

Die Süßkirsche 'Hedelfinger' ist weltweit bekannt.

bis 3. Kirschwoche. Baum sehr stark wachsend.

'Meckenheimer Frühe'
Gute, sehr reich tragende Süßkirschensorte. Rote Herzkirsche. Blüte mittelfrüh und sehr robust. Holz ausreichend frosthart. Reife in der 3. Kirschwoche. Baum mittelstark wachsend, mit zahlreichen Kurztrieben besetzt. Reichtragende Sorte.

'Hedelfinger'
Diese Süßkirsche stammt aus dem Stuttgarter Vorort Hedelfingen und fand im Verlauf des letzten Jahrhunderts weltweite Verbreitung. Braunviolette Knorpelkirsche. Spätblühend. Blüte relativ widerstandsfähig gegen Frost. Als Pollenspender sind 'Kassins Frühe' und 'Große Prinzessin' geeignet.
Reife 4. und 5. Kirschwoche. Pikantes, an Bittermandeln erinnerndes Aroma. Baum stark und aufrecht wachsend. Sorte sehr anpassungsfähig an das Klima.

'Große Schwarze Knorpelkirsche'
Dunkelbraun-violette Knorpelkirsche. Blüte mittelfrüh. Holz ausreichend frostfest. Früchte wohlschmeckend, bei Trockenheit mit stark bitterem Beige-

'Büttners Rote Knorpelkirsche' gilt als die wertvollste, späte, helle Knorpelkirsche.

schmack. Baum in der Jugend stark wachsend, wenig verzweigt. Niederschläge kurz vor der Reife führen zum Platzen. Reife in der 5. Kirschwoche.

'Büttners Rote Knorpelkirsche'
Wertvollste, späte, helle Knorpelkirsche. Blüte mittelfrüh und ausreichend frosthart. Fruchtfleisch mäßig saftig, süß, würzig. Reife in der 5. Kirschwoche. Baum kräftig wachsend.

'Glemser'
Wertvolle späte Knorpelkirsche, dunkelbraun-violett. Mittelspäte Blüte, regelmäßiger und hoher Fruchtansatz. Die Frucht schmeckt süßsäuerlich und angenehm gewürzt. Reife in der 6. und 7. Kirschwoche. Baum mittelstark bis stark wachsend.

Sauerkirschen

'Diemitzer Amarelle'
Beliebte Sauerkirsche für den Haus- und Kleingarten. Hellrote Glaskirsche mit geringer Fruchtgröße. Hohe Fruchtbarkeit. Blüte mittelspät, Holz und Blüte verhältnismäßig frosthart. Reife in der 3. Kirschwoche. Baum mäßig stark bis schwachwüchsig. Wenig anspruchsvoll in der Pflege.

Die bekannteste Sauerkirsche ist die 'Schattenmorelle'.

'Morellenfeuer'
Frühreifende Sauerkirschensorte auch für den Haus- und Kleingarten. Dunkle Weichselkirsche mit feinem Aroma. Blüte mittelfrüh, Holz ausreichend frostfest. Reife in der 5. bis 6. Kirschwoche. Baum mittel bis stark wachsend.

'Beutelspacher Rexelle'
Ertragreiche großfrüchtige Sauerkirsche. Dunkelbraune Weichselkirsche mit feinem Aroma und fruchtiger Säure. Blüte mittelfrüh, Holz und Blüte sind ausreichend frostfest. Empfehlenswert für den Liebhaberanbau. Eine hohe Fruchtbarkeit bedingt hohe Nährstoffgaben. Reife in der 4. und 5. Kirschwoche. Baum mittelstark bis stark wachsend.

'Schattenmorelle'
Vor etwa 170 Jahren in der Gegend von Gotha vermehrt und heute weitverbreitet. Dunkle Weichselkirsche. Spätblühend. Blüte und Holz ausreichend frostverträglich.
Reife August bis September. Liebhabersorte mit herbem, säuerlichen Fruchtfleisch. Baum mittelstark wachsend. Man achte beim Kauf des Bäumchens, daß man die rundknospige Schattenmorelle bekommt, denn es gibt auch eine spitzknospige, die der rundknospigen nicht ebenbürtig ist.

Pflaume, Zwetschge, Mirabelle, Reneklode

Unter den Pflaumen, Zwetschgen, Renekloden und Mirabellen gibt es selbstfruchtbare, schwach selbstfruchtbare und selbstunfruchtbare Sorten. Für Topfbäume wählen wir nur Sorten für den Frischverzehr und möglichst selbstfruchtbare Sorten. Sind diese nicht gegeben, gesellen wir zu den selbstunfruchtbaren Sorten einen geeigneten Pollenspender.

'Ruth Gerstetter'
Früheste Pflaumensorte. Reife Anfang bis Mitte Juli. Mittelgroße bis große, rundlich-ovale Frucht, steinlösend, nur mäßiger Geschmack. Haut braunviolett, dünn.

'Ersinger Frühzwetschge'
Reifezeit Ende Juli bis Anfang August. Große bis sehr große Frucht, länglichoval. Fruchtfleisch etwas wässrig, schwach süß, gut steinlösend. Haut rötlichviolett, glatt und dünn.

'Zimmers Frühzwetschge'
Reifezeit Ende Juli bis 1. Augusthälfte. Mittelgroße bis große Frucht. Fruchtfleisch goldgelb und fest, kräftiger Geschmack, steinlösend. Fruchthaut dunkelblau, verhältnismäßig fest, aber nicht dick.

'Bühler Frühzwetschge'
Reifezeit etwa Mitte August. Mittelgroße Frucht. Fruchtfleisch gelb bis grünlich gelb, süß, zum Teil nicht vollständig steinlösend. Fruchthaut intensiv blau, ziemlich fest, aber nicht derb.

'Nancy-Mirabelle'
Reifezeit Mitte bis Ende August.
Selbstfruchtbar. Frucht mittelgroß, rund, weißlich gelbes Fruchtfleisch, sehr süß, steinlösend.

**Unten: Die 'Bühler Frühzwetsche' ist mittelgroß und reift etwa Mitte August.
Rechts: 'Nancy-Mirabelle'.**

'Große grüne Reneklode'
Reifezeit Ende August.
Selbstunfruchtbar. Frucht mittelgroß, rund, saftig-süß mit festem Fleisch. Pollenspender ist 'Königin Viktoria'.

'Königin Viktoria'
Reifezeit Ende August bis Anfang September.
Sehr große ovale Frucht, steinlösend, süß mit etwas Säure. Haut dünn und gut abziehbar.

'Italienische Zwetschge'
Reife von Anfang bis Mitte September.
Große bis sehr große Frucht. Fruchtfleisch gelblichgrün bis bräunlich gelb, in der Vollreife süß und angenehm säuerlich schmeckend. Bei Vollreife gut steinlösend.

Pfirsich, Nektarine

Durch ständige Selektion (Auslese) vorhandener Pfirsichsorten stehen uns auch für die Topfkultur geeignete Sorten zur Verfügung. Nicht alle Sorten sind allerdings steinlösend und geschmacklich zufriedenstellend. Dies gilt besonders für Frühsorten. Darum wird man späte steinlösende Sorten vorziehen.

Johannisbeeren ('Heros') sind in der Topfkultur bisher die Ausnahme.

Um Qualitätsfrüchte zu erzielen, ist größter Wert auf das Ausdünnen zu legen. Schattenfrüchte müssen entfernt werden. Man merke sich, daß die Pfirsichbäume für ein gutes Trieb- und Fruchtwachstum eine gleichmäßige Wasserversorgung benötigen, ansonsten werden die Früchte vorzeitig abgestoßen.
Nachstehend einige Pfirsichsorten nach der Reife geordnet. Bis auf einige Ausnahmen sind Pfirsiche selbstfruchtbar und benötigen keinen Bestäubungspartner.

Pfirsiche

'Alexander'
Reife Anfang Juli.
Frucht mittelgroß bis groß, schlecht steinlösend.

'Amsden'
Reife Mitte bis Ende Juli.
Frucht dunkelrot (s. Abb. Seite 16, 65).

'Cumberland'
Reife Mitte August.
Frucht groß bis sehr groß, steinlösend. Eine robuste Sorte.

'Record von Alfter'
Reife Mitte bis Ende August.
Steinlösend. Bei starkem Behang muß ausgedünnt werden. Frucht ziemlich groß.

'South Haven'
Reife Ende August.
Frucht groß bis sehr groß, steinlösend. Die Sorte ist etwas anfällig gegen Kräuselkrankheit.

'Roter Ellerstädter' ('Kernechter vom Vorgebirge')
Reife Mitte September.
Frucht groß bis sehr groß, steinlösend. Fruchtfleisch weiß, saftig, aromatisch.

Nektarinen und Pfirsiche gehören der gleichen Obstart an. Der Unterschied liegt in der Beschaffenheit der Schale. Während die Fruchthaut der Pfirsiche behaart ist, sind die Nektarinenfrüchte als Folge einer genetischen Veränderung (Mutation) unbehaart. Weil bei den Nektarinen ein sicherer Fruchtansatz erst nach Fremdbestäubung gewährleistet ist, sollte man stets 2 Sorten beieinander aufstellen. Der Fruchtansatz bei Pfirsichen und Nektarinen ist meist so stark, daß sich die einzelnen Früchte nicht nach unseren Wünschen voll entwickeln können. Demzufolge ist rechtzeitiges Ausdünnen unerläßlich. Zwischen den einzelnen Früchten sollte der gegenseitige Abstand nicht unter 10 cm liegen.

Nektarinen

'Humboldt'
Reife Mitte bis Ende August.
Goldgelbes und sehr saftiges Fruchtfleisch. Fruchtfarbe gelblichorange, leicht karminrot gesprenkelt.

'Nectared 6'
Große, goldgelbe Frucht, auf der Sonnenseite rot.

'Sonnengold'
Reife im August.
Goldgelbe Frucht. Eine winterharte Sorte. Die Früchte werden gepflückt, so-

bald sie sich leicht von den Zweigen lösen. Damit sie keine Druckstellen bekommen, muß man sie vorsichtig behandeln.

Aprikosen

Die Behandlung der Aprikosen gleicht der Behandlung der Pfirsiche. Da sie im Jugendstadium sehr stark wachsen, sollte man mit Stickstoffgaben sparsam sein. Aprikosen sind wie der Pfirsich Selbstbefruchter. Da sie aber zu einer Zeit blühen, wo noch wenig Insekten fliegen, ist die Handbestäubung von Vorteil. Man tupft die offenen Blüten jeden 2. oder 3. Tag mit einem weichen Haarpinsel ab.
Da der natürliche Fruchtfall unterschiedlich ist, wartet man mit dem Ausdünnen bis zu dessen Beendigung und beläßt zwischen jeder Frucht einen gegenseitigen Abstand von etwa 10 cm. Die Früchte schmecken am besten, wenn sie am Baum ausreifen, eine goldgelbe Farbe haben und das Fruchtfleisch wohl fest, aber nicht zu weich ist.

'Aprikose von Nancy'
Reifezeit Ende Juli.
Die Frucht ist groß, rund, orangegelb bis rot getönt, süßwürzig, saftig. Wuchs mittelstark, gedrungen.

'Ungarische Beste'
Reifezeit Mitte August.
Die Frucht ist mittelgroß, rund, gelb. Sonnenseite rot marmoriert. Im Geschmack saftig, aromatisch; hoher Säuregehalt, steinlösend.

Johannisbeere, Stachelbeere, Himbeere

Johannis- und Stachelbeere sind bisher in der Topfkultur eine Ausnahme. Wer diese Fruchtarten halten möchte, sollte

Die bekannteste Weiße Johannisbeere ist die Sorte 'Weiße Versailler'.

keine Buschform, sondern Stämmchen mit 1jähriger Krone wählen. Als Pflanzgefäße eignen sich alle für die Topfkultur auf Seite 29 empfohlenen Gefäße, einschließlich der Pflanzerde. Die Sorten wähle man aus dem Angebot der Baumschulen.

Beim Rückschnitt der kugelförmigen Stachelbeer-Krone werden die nicht zum Kronenaufbau erforderlichen Triebe auf 2 bis 4 Augen gekürzt. Dabei ist zu beachten, daß die starken Triebe in ihrer gesamten Länge möglichst mit kurzem Fruchtholz besetzt sind; andernfalls kürzt man sie. Zu dicht stehende und ins Kroneninnere wachsende Triebe werden entfernt, so daß die Krone stets einen lockeren Aufbau behält.

Den Stachelbeermehltau bekämpft man am einfachsten durch Entspitzen der befallenen Triebe.

Bei den Johannisbeerstämmchen ist ebenfalls ein mäßiger Rückschnitt der Triebe angebracht. Sie fruchten am besten an vorjährigen Seitentrieben.

Himbeeren machen in Pflanzgefäßen wenig Freude.

Rote und Weiße Johannisbeere

Johannisbeeren sind selbstfruchtbar, demzufolge kann man sich in der Topf-

Auch Stachelbeeren ('Rote Triumph') **sind im Topf bislang noch wenig zu finden.**

kultur auf wenige besondere Sorten beschränken. Da die Reifezeiten der Sorten von der Witterung beeinflußt wird, sind die angegebenen Reifezeiten nur als Anhaltspunkte anzusehen.

Rote Johannisbeeren:
'Heros'
Reife Ende Juni.
Eine langtraubige frühe Sorte mit dunkelroten süßen Beeren.

'Heinemanns rote Spätlese'
Eine extrem spätreifende Sorte mit langen dichtbesetzten Trauben und dicken Beeren mit reichem Vitamin-C-Gehalt.

Durch den gedrungenen, allerdings ausladenden Wuchs eignet sich diese Sorte sehr gut als Topfbäumchen.

Weiße Johannisbeeren:
Sie sind süßer als rote Sorten, zum Frischgenuß bestens geeignet.

'Weiße Versailler'
Eine Sorte mit langen Trauben und süßen Beeren. Reife Ende Juni.

Stachelbeere

Stachelbeeren sind selbstfruchtbar und benötigen keinen Pollenspender.

Links: Wer Stachelbeerbäumchen in einen so engen Topf pflanzt, muß auf regelmäßiges Gießen und Düngen achten.

Unten: Die Stachelbeersorte 'Gelbe Triumph'.

'Mauks Frühe Rote'
Rundliche unbehaarte Früchte.

'Rote Triumph'
Große bis sehr große Beeren, behaart.

'Maiherzog'
Mittelgroße, schwachbehaarte, hellrote Beeren.

'Hönings Früheste'
Gelbfruchtige Sorte. Mittelgroße, dünnschalige, behaarte Beeren mit süßem Geschmack.

'Gelbe Triumph'
Große, langovale, gelbe Beeren, dünnschalig ohne Haare, gut im Geschmack.

'Weiße Triumph'
Beeren groß, weißlich-grün, fein behaart, süß-säuerlich, dünnschalig, stark bewehrt.

'Lady Delamere'
Große elliptische Beere, gelbgrün, mit durchscheinenden Adern.

Erdbeere

Erdbeeren können nicht nur im Freiland, sondern auch in Erdbeer-Lochtöpfen, Hängekörben, in mit Torf gefüllten Eisengestellen und in sogenannten Erdbeersäulen und -fässern kultiviert werden. In diesen Gefäßen benötigen die

Pflanzen eine humusreiche nahrhafte Pflanzerde und ausreichende Bewässerung.

Erdbeerfaß

Am einfachsten ist die Kultur in einem Holzfaß, das wir mit etwas Geschick selbst herrichten können. Weil die Erdbeerpflanzen aus Löchern in den Wänden des Holzfasses herauswachsen sollen, werden in die Wände rundum 2 oder 3 Reihen Löcher mit einem Durchmesser von mindestens 5 cm gebohrt. Die Löcher sollten im Verband mit einem gegenseitigen Abstand nicht unter 25 cm angebracht werden. Im Boden des Fasses muß ein Abflußloch gleichfalls mit einem Durchmesser von 5 cm gebohrt werden. Die unterste Lochreihe im Faß sollte einen Mindestabstand von 50 cm vom Erdboden haben.

Auf den Boden des Fasses kommt zuerst eine nicht zu starke Schicht Topfscherben; auch klein geschlagene Ziegelbrokken oder Steine sind möglich. Über diese Topfscherben oder Ziegelbrocken füllen wir bis in die Höhe der untersten Lochreihe Pflanzerde, wie wir sie für unsere Topfobstbäume zusammengestellt haben (s. Seite 33).

Als Bewässerungshilfe dient ein perforiertes Schlauchstück oder ein Rohr mit 5 cm lichter Weite, das in der Mitte des

Auch wer keinen Garten hat, braucht auf frische, selbstgezogene Erdbeeren nicht verzichten. Erdbeerfaß (links) oder Torfwand (rechts) machen eine Ernte auch auf Balkon und Terrasse möglich.

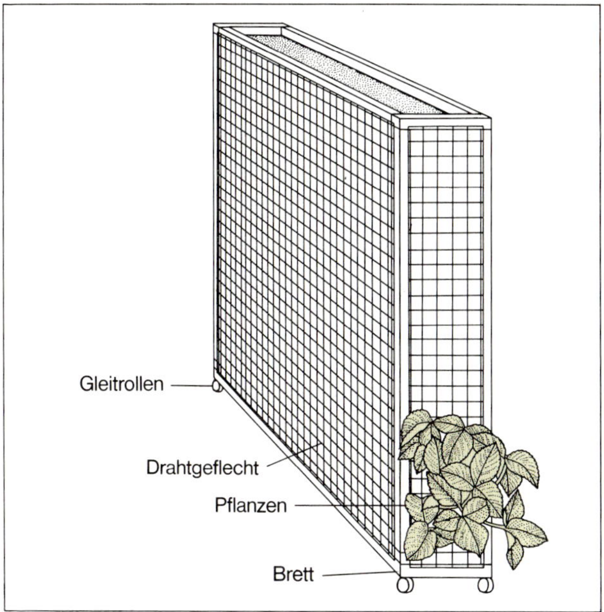

Fasses vom Faßboden bis zur Faßhöhe reichen muß. Durch dieses Schlauchstück können wir, wenn das Faß fertig bepflanzt ist, auch die untersten Pflanzen stets mit Wasser und Dünger versorgen.

Haben wir die Pflanzerde bis in die Höhe der untersten Lochreihe eingefüllt, schieben wir in jedes der unteren Löcher eine Erdbeerpflanze und füllen weiter Erde bis zur nächstoberen Lochreihe, schieben wieder Pflanzen hinein, füllen Erde nach und setzen weitere Pflanzen ein. Zum Abschluß wird die Oberseite des Fasses bepflanzt; wir belassen aber einen Gießrand. Anschließend wird dann das Ganze von oben durch das perforierte Schlauchstück oder Rohr durchdringend, aber vorsichtig gewässert und an einen geschützten Platz gestellt.

Gegen Winterfröste schützen wir die Erdbeerpflanzen durch Abdecken des Fasses mit Tannenzweigen und Plastik-Folie. Im kommenden Frühjahr entfernen wir nach und nach die schützende Kunststoffolie und die Tannenzweige, lassen uns aber Zeit damit. Nach Bedarf werden wir den Pflanzboden im Erdbeerfaß nachwässern. Bei günstiger Wetterlage geben wir dann dem Erdbeerfaß einen geschützten sonnigen Platz und lassen den Pflanzen alle erforderlichen Pflegemaßnahmen zukommen.

Torfwand mit Erdbeeren

Auch wer keinen Platz im Garten hat, muß auf frische, selbst gepflückte Erdbeeren nicht verzichten. Wenn ein Balkon, eine Terrasse oder ein Dachgarten zur Verfügung stehen, kann man sich eine sogenannte Torfwand schaffen. Ihr Aufbau ist denkbar einfach (s. Abb. oben). Die Pflanzen wurzeln in einer Torf-Mischerde oder einem käuflichen Torfkultursubstrat (am besten TKS 2) und wachsen durch den Ma-

Die Erdbeersäule beruht auf dem gleichen Bauprinzip wie die Torfwand. Sie wird genauso bepflanzt.

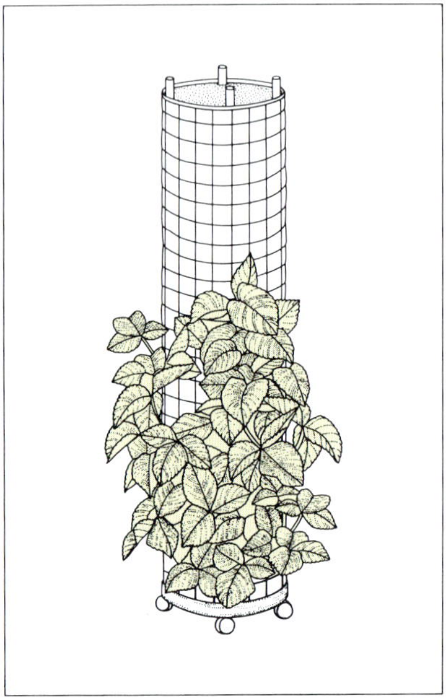

schendraht. Bewässerung und Düngung erfolgen über ein eingebautes, gelochtes Schlauchstück oder Rohr, ähnlich wie beim Erdbeerfaß.

Man kann eine Torfwand ohne Schwierigkeiten selbst herstellen, indem man ein stabiles rechteckiges Holzgestell zimmert. Wenn die Torfwand gegen eine Mauer gestellt werden soll, wie z. B. auf kleinen und schmalen Balkonen, erhält der Rahmen eine Rückwand aus undurchlässigem Material. Dieser nur einseitig zu bepflanzenden Torfwand geben wir eine lichte Weite von 15 bis 20 cm. Eine freistehende, doppelseitig bepflanzbare Wand sollte eine lichte Weite von 25 bis 30 cm haben und für eine ausreichende Stabilität mit diagonalen Latten verstärkt sein.

Das fertige Holzgestell wird mit einer für Pflanzen ungiftigen Farbe imprägniert. Dann umspannen wir es mit einem sogenannten zweizolligen Maschendraht mit Plastik-Umhüllung. Unten bringen wir zwecks leichterem Transport Laufrollen an. Auf dem gleichen Bauprinzip beruht die Torfsäule.

Zum schichtweisen Auffüllen verwenden wir für außen möglichst grobfaserigen Torf und für die Mitte ein käufliches Torfkultursubstrat (TKS 2). Nach dem Auffüllen werden die Erdbeerpflanzen mit einem angemessenen Abstand durch den Maschendraht eingesetzt. Beim Pflanzen muß die Erde fest angedrückt werden. Ist die Torfwand fertig bepflanzt, wird sie über das eingebaute Schlauchstück reichlich bewässert und eine Woche vor Wind und Wetter geschützt. Bei warmem Wetter ist auf gleichmäßige Feuchte zu achten und alle 2 Wochen flüssig zu düngen. Die Düngermenge entspricht den bei Topfobst üblichen Werten.

Erdbeersorten

Wohl alle Erdbeersorten lassen sich ohne Schwierigkeiten mit Erfolg in Pflanzgefäßen kultivieren. Es wird darum für den Gartenfreund ein leichtes sein, aus der Vielzahl der Erdbeersorten die für seinen Geschmack angenehmsten zu wählen.

Beim Kauf sollte man auf das Etikett »Deutsche Landwirtschaftliche Markenware« achten. Betriebe, die dieses Gütezeichen führen, verkaufen Hochzucht-Pflanzgut. Nur gesundes und ge-

netisch hochwertiges Material garantiert hohen Ertrag und gute Fruchtbarkeit. Bei mehrjähriger Vermehrung aus den eigenen Ertragspflanzen zeigen sich Abbauerscheinungen, insbesondere Virusbefall.
Auf eine ausführliche Beschreibung des derzeitigen Sortiments wird verzichtet. Da laufend Neuzüchtungen angeboten werden, fällt die Sortenwahl oft schwer. Neben den seit Jahren bewährten Sorten 'Senga Sengana' und 'Gorella' haben u.a. die folgenden Sorten in der letzten Zeit allgemeine Bedeutung erlangt: 'Senga Litessa', 'Hummi Ferma', 'Tenira', 'Bogota', 'Korona', 'Elvira', 'Hummi Stugarta' sowie die mehrmalstragenden Sorten 'Hummi Gento' und 'Hummi Eroma'. Bei der Sortenauswahl sollte auch der Reifetermin berücksichtigt werden.

Weinrebe

Da die Rebe an den im gleichen Jahr gewachsenen Trieben fruchtet, muß alljährlich für kräftiges Holz, das zur Erzeugung guter Trauben erforderlich ist, gesorgt werden. Dies wird man zum einen durch Verwendung größerer Gefäße, zum anderen durch zweckmäßige Düngung erreichen. Nur beim Gießen muß man vorsichtig sein, damit die Wur-

Eine Weinrebe läßt sich leicht in einem Topf mit Stützgestell aus 3 Stäben und 3 Ringen hochziehen. Die Rebe wird in die Topfmitte gesetzt.

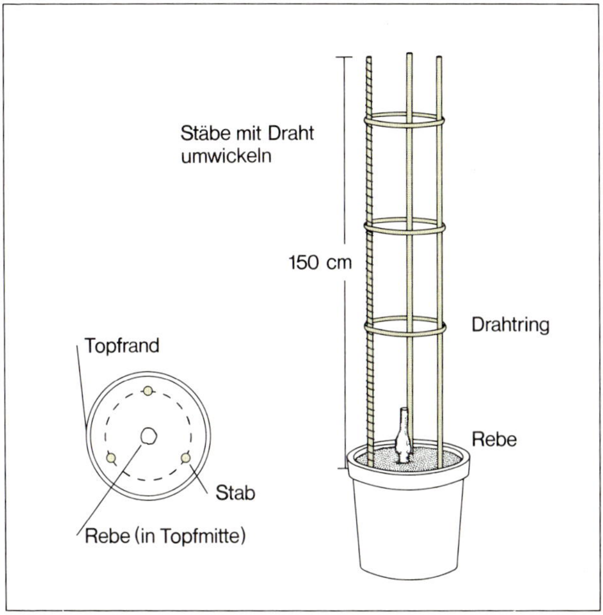

Als Ausgangsmaterial für eine Weinrebe im Topf verwendet man eine 3- bis 4jährige Rebe, deren 1jähriger Trieb im Frühjahr auf die untersten 5 Augen zurückgenommen wird.

Die Neutriebe werden spiralförmig um das Gestell herumgeführt und befestigt, die Stammverlängerung an einem Stützstab hochgezogen.

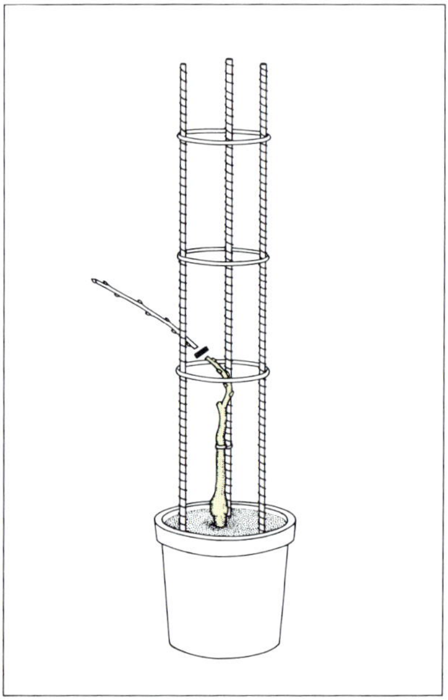

zeln nicht leiden. Wer Reben in Pflanzgefäßen kultivieren will, besorgt sich aus einer Rebanzuchtstation eine kräftige, 3- oder 4jährige Topfrebe, die möglichst im vorhergehenden Jahr einen 150 cm langen Trieb gebildet hat.

Form und Bildung der Topfrebe

Wir beginnen mit der Bildung eines Spiralkordons. Zu diesem Zweck stecken wir in einen Topf mit 30 bis 40 cm Durchmesser 3 etwa 150 cm lange, nicht zu starke Stäbe, so daß sie etwa auf einer Kreislinie stehen (s. Abb. Seite 109). Um die Stäbe wird vom Topfrand beginnend, ein steifer, nicht zu starker Draht spiralförmig in Windungen aufsteigend gewickelt. Zum Anbinden des seitlichen Fruchtholzes legen wir in 20, 30 und 40 cm Höhe einen Drahtring um die Stäbe und befestigen ihn.

Beim Frühjahrsschnitt wird die 150 cm lange Rebe auf die untersten 5 gut entwickelten Augen des vorjährigen Holzes zurückgeschnitten. Wir setzen dabei voraus, daß die etwa 3- oder 4jährige Rebe einen ungefähr 15 cm langen Stamm besitzt, so daß das unterste der 5 Augen sich mindestens 15 cm über dem Topfrand befindet. Die fertig geschnittene Rebe heften wir dann mit Bast an den spiralförmig aufsteigenden Draht an.

3jährige Reben besitzen aber meist

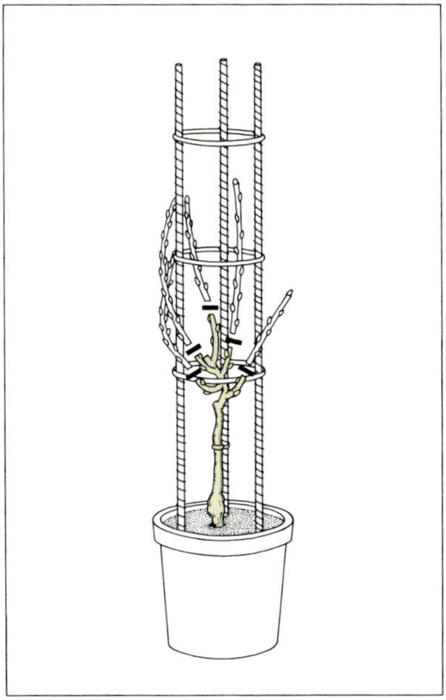

Beim Winterschnitt werden die Seitentriebe auf 1 bis 2 Augen an der Basis, die Stammverlängerung auf 3 Augen zurückgeschnitten. Die Rebe wird dadurch jährlich um 2 Augen länger und allmählich wird auch der verholzende Teil in die spiralförmige Form gebracht (»Spiralkordon«).

schon einen Stamm von 50 bis 70 cm. Die 3 Drahtringe zum Befestigen des seitlichen Fruchtholzes müssen dann entsprechend höher gesetzt werden.
Mit fortschreitender Vegetation werden sich aus den 5 Augen bald 5 Neutriebe entwickeln. Zeigen sich an der Rebe außer diesen noch weitere Augen, werden diese weggedrückt.
Haben die Triebe eine Länge von 15 bis 20 cm erreicht, werden sie mit Bast in schräger Richtung vom Stamm abstehend an den Stäben oder den Drahtringen angeheftet. Der oberste zur Verlängerung der Rebe bestimmte Trieb wird direkt an den Spiraldraht geheftet. Mit zunehmender Länge werden die Seitentriebe in Form einer Spirale (»Spiralkordon«) außen am Gestell hochgeführt.
Ist das Holz kräftig, werden sich bald die Blüten (Gescheine) zeigen. Sobald die Blüte einsetzt, sollte sie vor starkem, heftigem Regen geschützt werden, da sich sonst die Beeren an den Trauben unregelmäßig entwickeln könnten.

Entspitzen und »Geize«

Sobald wir bemerken, daß die Blüte eine Traube verspricht, kappen wir den jungen Trieb über der werdenden Traube. Alle Triebe ohne Ansatz werden stets auf das 5. Blatt gekürzt. Aus den Blattwinkeln der gekürzten Triebe entwikkeln sich neue Triebe, die sogenannten Geize. Diese werden bei allem Fruchtholz stets auf ein Blatt pinziert. Wenn erforderlich, wird das Pinzieren auch über den Sommer hindurch fortgesetzt.
An jedem Fruchttrieb beläßt man nur eine Traube. Alle auch später entstehenden werden weggeschnitten. Im Interesse der Entwicklung der Reben belassen wir im ersten Jahr nur an den untersten Trieben je 1 Traube.
Der Mitteltrieb (Stammtrieb) wird vorerst nicht gekürzt. Erst wenn er eine Länge von 60 cm erreicht hat, wird er entspitzt, damit das Holz gut ausreifen kann, die an der Basis befindlichen Augen sich kräftig entwickeln und für das kommende Jahr starkes Fruchtholz hervorbringen. Etwa am Stammtrieb vorhandene Geize werden stets auf ein Auge pinziert.
Haben die Trauben angesetzt, dann entfernen wir am Fruchtstiel befindliche Ranken, da durch etwa daransitzende

Eine Topfrebe aus einem Gefäßversuch (Rebsorte 'Silvaner').

Beeren die Form der Traube beeinträchtigt wird. Bei dichtbeerigen Trauben können wir, sobald sich die Beeren berühren, die nach innen sitzenden kleinen Beeren mit einer spitzen Schere herausschneiden.

Pflege

Bei fortschreitendem Wachstum steigert sich das Wasserbedürfnis. Man gieße jedoch vorsichtig und nicht zuviel, weil die Wurzeln der Reben auf stehende Nässe höchst empfindlich reagieren. Bei kühlem, ungünstigem Wetter kann man durch zweimaliges Gießen mit warmem Wasser (20 °C bis 25 °C) die Reife der Trauben beschleunigen.

Auch flüssige Düngung mit im Wasser aufgelöstem Horn- oder Knochenmehl bekommt den mit Früchten behangenen Topfreben ebenso wie den anderen Obstarten. Wir beginnen mit der flüssigen Düngung nach dem Ansatz einmal in der Woche und steigern sie nach und nach auf zweimal wöchentlich. Sobald die Trauben sich zu färben beginnen, beenden wir diese Maßnahme.

Durch Umhüllen der Topfrebe mit einer Tüllgardine oder Lochfolie kann man die lästigen Wespen abhalten. Auch mit in der Nähe aufgehängten Fanggläsern mit Bier oder Zuckerwasser erwehren wir uns dieser Fruchträuber.

Bei regnerischem Herbstwetter sind die Trauben leicht der Fäulnis ausgesetzt. Eine Beere kann eine ganze Traube anstecken. Darum wird man die reifenden Früchte häufig kontrollieren. Sind die Trauben abgeerntet, lassen wir die Reben an ihrem sonnigen Platz stehen, damit das Holz ausreifen kann und schränken allmählich die Wassergaben ein.

Winterschnitt

Den Winterschnitt der Topfreben kann man nach dem Laubfall im Herbst oder im zeitigen Frühjahr vornehmen. Hierbei werden die 4 Seitentriebe auf je 1 bis 2 Augen an ihrer Basis zurückgeschnitten. Aus diesen soll sich im kommenden Jahr nur 1 Trieb entwickeln, das 2. Auge ist nur als Reserve zu betrachten. Der zur Stammverlängerung bestimmte Trieb wird auf 3 Augen geschnitten. Das

obere Auge soll erneut den Stamm verlängern und die beiden unteren ergeben 2 neue Fruchttriebe. Man merke sich: Bei jedem Winterschnitt werden die seitlichen Fruchttriebe stets auf 1 Auge, der Verlängerungstrieb auf 3 Augen gekürzt. Die Rebe wird dadurch alljährlich um 2 Augen verlängert und allmählich wird auch der verholzende Pflanzenteil in die spiralförmige Form eingefügt.
Sollten vom 3. Jahr an die unteren Triebe zu schwach sein und keine Trauben ansetzen, wird beim nächsten Winterschnitt die Verlängerung sehr kurz und nur auf 1 Auge geschnitten. Unterlassen wir diesen kurzen Rückschnitt, dann wird das unterste Fruchtholz allmählich schwächer und stirbt ab.
Sollten die Reben durch den alljährlichen Schnitt auf 3 Augen zu hoch werden, wird beim Winterschnitt die Verlängerung in einem Jahr auf 2 und im nächsten Jahr wieder auf 3 Augen zurückgeschnitten. Will man die Rebe höchstens bis zu 2 m Höhe haben, dann beläßt man der Rebe 6 bis 8 seitliche Triebe und kürzt die Verlängerung jedes Jahr auf nur 1 Auge.
Sorten wie 'Gutedel' und andere tragen bei längerem Schnitt besser. Starke Fruchttriebe dieser Sorten kürzt man beim Winterschnitt auf 3 bis 4 Augen. Sie werden später nicht aufwärts, sondern leicht horizontal oder mit der Spitze etwas abwärts gerichtet, angeheftet. Durch diese Maßnahme kräftigen sich die unteren Augen und setzen eher an.
Läßt die Ertragsfähigkeit in späteren Jahren nach und die Trauben bleiben klein, sollte man die Topfreben verjüngen, vorausgesetzt das Wurzelwerk ist noch gesund. Wenn dem so ist, wählen wir beim Winterschnitt einen starken Trieb am unteren Stammteil aus und schneiden über diesem Trieb den alten Stamm ab. Der nun zum neuen Stamm bestimmte Trieb wird dann bei jedem Winterschnitt auch auf 3 Augen gekürzt und somit die Form erneuert.

Rebensorten

'Blauer Portugieser'
Mittelfrüh reifend, schwarzblaue, mittelgroße Beeren. Trauben mittelgroß bis groß. Frucht süß. Bei Vollreife dünne Fruchthaut.

'Weißer Gutedel'
Mittelfrüh reifend. Trauben groß, locker, würzig.

'Roter Gutedel'
Eine frühreifende mittelgroße Traube, Beere süß. Als Topfrebe gut geeignet.

'Helfensteiner'
Eine Züchtung der Staatlichen Lehr- und Versuchsanstalt für Wein- und Obstbau, Weinsberg (Baden-Württemberg). Traube lockerbeerig, groß, länglich. Obwohl die starkwüchsige Rebe spät austreibt und demzufolge auch die Blüte spät einsetzt, reifen die Trauben normalzeitig.

'Elbling'
Traube sehr lang, Beeren groß, weißlichgelb und dünnschalig. Es ist keine Tafelsorte. Ihr Wert liegt mehr im schmückendem Laub und im reichen Traubenbehang. Eignet sie sich sehr gut zur Terrassen- und Balkonbegrünung.

Feige

Die Feige *(Ficus carica)* gehört zu den ältesten vom Menschen kultivierten Fruchtgehölzen. Obwohl sie von Natur aus wärmebedürftig ist und hauptsächlich im Mittelmeerraum angebaut wird, findet sie auch bei uns stärkeres Interesse. Dabei zählen weniger die Früchte als vielmehr der Zierwert der Pflanze, die während des Sommers auf der Terrasse, dem Dachgarten oder auf dem Balkon zur Begrünung und Verschönerung beiträgt.

Auch bei uns tragen Feigen bei aufmerksamer Pflege Früchte. Verfügt der Gartenfreund über einen frostfreien Raum, z. B. einen Keller, der dunkel sein kann, aber gut zu lüften ist, sollte zu seinen Topfobstbäumen auch eine Feige hinzustellen. Im Überwinterungsraum benötigt die Feige nur wenig Wasser, im Sommer dagegen mehr als unsere Obstgehölze. Neben ausreichenden Wassergaben ist die Feige für eine allwöchentliche flüssige Düngung dankbar. Sie wird freudig wachsen, blühen und fruchten.

Die ersten Versuche sollte man mit der etwas widerstandsfähigen Berglandfeige beginnen.

Die Anzucht der Feige erfolgt durch Steckholz (wurzelecht), indem man ein etwa 6 cm langes Teilstück eines ausgereiften Triebes in kleine Töpfe steckt und bewurzeln läßt. Wir ziehen uns diese Jungpflanzen aber nicht selbst heran, sondern beschaffen uns aus der Baumschule 2- bis 3jährige Bäumchen und erziehen von diesen durch starken Rückschnitt pyramidenförmige Büsche, die sich etwa 20 cm über dem Topfrand verästeln.

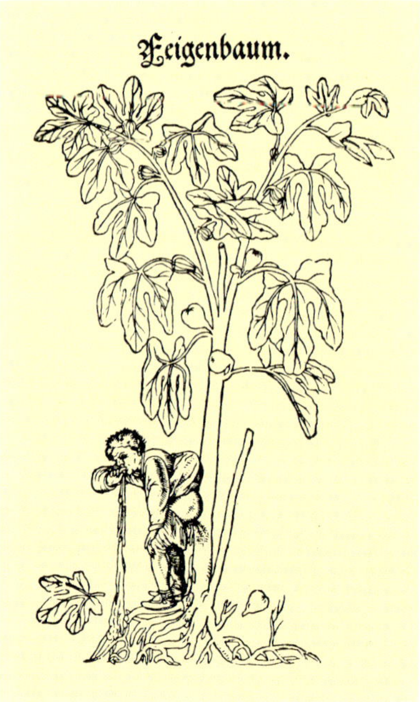

Haben die seitlichen Triebe eine Länge von etwa 15 cm erreicht, kneift man die Spitze ab. Dem Stammtrieb lassen wir eine Länge von 20 bis 25 cm. Alle in den ersten Jahren der Formgestaltung sich bildenden Früchte werden entfernt. Sobald die jungen Triebe 5 Blätter gebildet haben, kneifen wir das oberste ab. Die jetzt am neuen Austrieb sich bildenden Früchte bleiben bis zum nächsten Jahr sitzen und bringen die erste Ernte. Die dann an den wiederum pinzierten Trieben sich bildenden Früchte sind die zweite Ernte.

Damit der Feigenbaum in unserem Klima seine Früchte zur Reife bringen kann, benötigt er mehr Wärme als alle anderen Obstarten. Erforderlich ist darum nicht nur ein warmer Standort im Freien, sondern auch ein geeigneter Überwinterungsraum. Bei unzureichender Wärme und Bewässerung werden die Früchte nicht reif und fallen ab.

Links: Schon in alten Kräuterbüchern wurden Feigen abgebildet. Unten: Jungpflanzen von Feigen werden so stark zurückgeschnitten, daß sie sich etwa 20 cm über dem Topfrand zu verzweigen beginnen und Büsche bilden.

Verpflanzen älterer Topfbäume

Wenn die Bäume in späteren Jahren wenig Trieb zeigen, kann dies ein Zeichen von Nahrungsmangel sein. Kränkelt ein Baum, hat er im Sommer schon gelbes Laub und läßt er vorzeitig die Früchte fallen, dann kann dieses an einer durch übermäßiges Gießen und Düngen sauer gewordenen Erde liegen.
Wenn dem so ist, nehmen wir den Baum aus dem Gefäß, entfernen die verbrauchte Erde, schneiden die kranken Wurzeln bis ins gesunde Holz zurück und pflanzen ihn wieder in frische Erde in das Gefäß zurück. Der Topf wird dann an einem schattigen Platz in die Erde gesenkt. Durch vorsichtiges Gießen und Besprühen wird das Bäumchen wieder zu neuem Trieb und neuer Wurzelbildung veranlaßt. Sollten die Bemühungen erfolglos sein, bleibt nur der Ersatz durch ein neues Topfobstbäumchen.
Es kommt mitunter, besonders bei Steinobst (Pflaumen, Pfirsiche), das überreichlich getragen hat vor, daß die Bäumchen im Winter plötzlich eingehen. Diese Bäume sind meist durch überreiches Fruchten erschöpft und sterben ab. Um dem vorzubeugen, sollte man sich in den ersten Jahren mit weniger Früchten begnügen und verstärkt ausdünnen. Der aufmerksame Beobachter wird bald herausfinden, welchen Fruchtbehang er seinen Bäumchen zumuten kann. Bei einer Überalterung, hervorgerufen durch jahrelanges reiches Fruchttragen, wird der Baum am besten durch einen neuen ersetzt.
Beim Einpflanzen der Bäume in Töpfe oder Kübel wurde bereits darauf hingewiesen, daß stets ein 2 cm hoher Gießrand im Pflanzgefäß freibleiben muß, damit das Wasser nicht ablaufen kann, bevor es in die Erde eingedrungen ist.
Oftmals ist es beim Umpflanzen älterer Bäume nicht möglich, einen Gießrand freizuhalten, weil der Wurzelballen, obwohl verkleinert, zu hoch bleibt und beim Einfüllen der Pflanzerde wenig Raum für den Gießrand verbleibt. Um dem abzuhelfen, verwenden wir schmale, 10 cm breite, nicht zu starke Streifen aus Zinkblech. Diese Streifen werden so zugeschnitten, daß sie den Innenrand des Gefäßes umschließen. Man läßt die Blechstreifen etwas länger anfertigen, um sie für verschiedene Topfgrößen verwenden zu können. An einem Ende des Zinkblechstreifens wird auf der Innenseite ein schmaler Steg angelötet, durch den das andere Ende des Streifens durchgeschoben wird. Der obere Rand dieser Zinkblechstreifen wird wie bei allen Blechen ein wenig umgebörtelt. Den noch offenen Zinkblechstreifen legt man unten um den Stamm, schiebt die beiden Enden ineinander und drückt dann den geschlossenen Zinkstreifen dicht am Gefäßrand in den Boden.
Wer an den Zinkblechstreifen keinen Gefallen findet, kann sich stattdessen auch jener grünen, gewellten, biegsamen Kunststoffstreifen bedienen, die als Rasenkanten verwendet werden.
Sollte sich beim Umpflanzen zeigen, daß einige Bäumchen das Pflanzgefäß nicht durchwurzelt haben, beläßt man diese bis zum nächsten Jahr im gleichen Pflanzgefäß, entfernt aber die obere Topferde und ersetzt diese durch frische Pflanzerde.

Wie alt werden die Topfbäumchen?

Das Alter der Obstarten und ihrer Kultursorten ist unterschiedlich und wird unter anderem mitbeeinflußt von der verwendeten Veredlungsunterlage und von der jedem Bäumchen zuteilgewordenen Betreuung.
Apfelsorten auf schwachwüchsigen Veredlungsunterlagen, insbesondere auf M 9, haben nicht nur in der Topfkultur, sondern auch im Erwerbsobstbau gegenüber anderen vegetativ vermehrbaren Unterlagen eine verkürzte Lebensdauer. Bei Topfbäumen können wir mit einer Lebensdauer bis zu 15 Jahren rechnen. Je ergiebiger die alljährlichen Fruchterträge sind, umso früher kann eine Erschöpfung (vorzeitige Vergreisung) des Bäumchens einsetzen, die sich in Wachstumsminderung, gesteigerter Knospensüchtigkeit, klein bleibenden Früchte und vermehrter Schädlingsanfälligkeit äußert. Die oftmals empfohlene Verjüngung der Baumkrone durch starken Rückschnitt ins alte Holz und verstärkte Düngergaben sind nicht geeignet, das Problem einer vorzeitigen Vergreisung von Topfbäumchen zu lösen.
Schon vor Jahren (1951) äußerte sich der bekannte Obstbaufachmann Hans Schmitz-Hübsch (Dülmen/Westfalen) zu diesem im Freilandobstbau anstehenden Problem, das gleichermaßen für die Apfelbäume im Topf ansteht:
»Die vorzeitige Vergreisungserscheinungen im Freilandobstbau sind nicht allein auf die einseitige Beanspruchung des Bodens zurückzuführen und sind auch nicht die gleichen Erscheinungen wie bei der Bodenmüdigkeit in der Baumschule. Die Hauptursache der Vergreisungserscheinungen ist bei Verwendung der Unterlage M 9 in einer ungenügenden Wurzelkunde zu suchen, denn das, was bei M 9 vergreist, ist nicht der oberste Stammteil, es sind die Wurzeln. Im Gegensatz zu den anderen Malus-Unterlagen kann man beobachten, daß M 9 niemals von den seitlichen Wurzeln aus neue Wurzeln treibt, sondern immer von der alten Hauptwurzel aus. Die Seitenwurzeln sterben ab. Es hat sich gezeigt, daß dort, wo der Baum mit dem oberen Teil der Veredlungsstelle etwas tiefer in die Erde kam als er in der Baumschule stand, der jetzt in der Erde stehende Teil von M 9 kräftige Wurzeln schlug und der alte Wurzelstock, der in der Baumschule gebildet war, abstarb. Wo also eine Neuentwicklung der Wurzeln nicht mehr erfolgen kann, vergreisen die Bäume. Die Wurzelkunde der M 9 spielt somit bei der Vergreisung eine nicht zu unterschätzende Rolle und bedarf zu ihrer Behebung bei den Obstbäumen in der Freilandkultur unter anderem der Einschaltung von Zwischenveredlungen.«
So weit Hans Schmitz-Hübsch im Kurzbrief Nr. 5 vom Mai 1951 (Obstbauschutz Ges. KG).
Um die Vorteile der Malus-Unterlage M 9, nämlich hohe und frühe Erträge von bester Fruchtgüte zu haben und eine vorzeitige Vergreisung nach Möglichkeit ausgeschaltet zu wissen, sollte bei der Anzucht von Jungbäumen für die Topfkultur die Veredlungsstelle höher angesetzt werden als es bisher gehandhabt wird (Wurzelhalsveredlungen). Warum?
Bei dem im Herbst notwendigen Umtopfen von auf M 9 veredelten Apfelsorten wird der Wurzelballen erstmals um

mindestens 5 cm gekürzt, so daß der obere bisher unbewurzelte Stammteil von M 9 um so viel tiefer im neuen Pflanzgefäß zu stehen kommt. Durch diese Maßnahme entwickelt sich an dem mit Erde bedecktem Stammteil von M 9 neue Wurzelmasse.
Um bei diesem starken Wurzelrückschnitt auch ein Wachstumsgleichgewicht zwischen Wurzelkrone und Baumkrone herzustellen, wird ebenso vorsichtig ein formhaltender Rückschnitt bis ins alte Holz des Topfbäumchens vorgenommen. Diesen Rückschnitt wird man erstmals nicht zu stark durchführen, aber später nach dem jeweiligen Austrieb etwas ausgleichen.
Durch sorgfältiges Bewässern und mit flüssigen Düngergaben wird das Wachstum erneut angeregt und damit auch eine vorzeitige Erschöpfung (Vergreisung) weitgehend behoben.
Da sich mit den Jahren naturgemäße Überalterungserscheinungen an den Bäumchen bemerkbar machen, sollte man rechtzeitig um Ersatz bemüht sein. Man wähle dann möglichst solche Exemplare, deren Veredlungsstelle um mindestens 10 cm über dem sogenannten Wurzelhals angesetzt ist.

Literaturverzeichnis

Betten, R.: Praktische Blumenzucht und Blumenpflege im Zimmer. Frankfurt/Oder 1911.

Bosch, H.: Kreütterbuch. Straßburg 1577.

Deiser, E.: Langzeitbewässerungssyteme für Balkon und Terrasse. Obst und Garten 5, 249–252, 1984.

Encke, F.: Kübelpflanzen. Verlag Eugen Ulmer, Stuttgart 1982.

Friedrich, G., Preuße, H.: Obstbau in Wort und Bild. Verlag Neumann, Leipzig-Radebeul 1983, 3. Aufl.

Götz, G.: Süß- und Sauerkirschen. Verlag Eugen Ulmer, Stuttgart 1970.

Hilkenbäumer, F.: Obstbau. Verlag Paul Parey, Berlin und Hamburg 1964, 4. Auflage.

Karg, D.: Die Entwicklungsgeschichte der Terrassenanlage und des Parterres vor dem Schloß Sanssouci. Potsdam-Sanssouci 1980.

Keipert, K.: Beerenobst. Verlag Eugen Ulmer, Stuttgart, 1981.

Link, H., Titze, W.: Der Nutzgarten. Verlag Eugen Ulmer, Stuttgart 1982.

Maatsch, R. (Hrsg.): Pareys Illustriertes Gartenbaulexikon. Berlin und Hamburg 1956, 5. Aufl.

Michel, H. G., Umgelter, H.: Pflanzenschutz im Garten. Verlag Eugen Ulmer, Stuttgart 1982.

Pardatscher, G.: Der Winterschnitt von Obst- und Ziergehölzen. Verlag Eugen Ulmer, Stuttgart 1983.

Petzold, H.: Birnensorten. Neumann Verlag, Leipzig-Radebeul 1982.

Schmid, H.: Handgriffe im Obstgarten. Verlag Eugen Ulmer, Stuttgart 1980, 5. Aufl.

Schmid, H.: Obstbaumschnitt. Verlag Eugen Ulmer, Stuttgart 1982, 3. Aufl.

Schmid, H.: Veredeln der Obstgehölze. Verlag Eugen Ulmer, Stuttgart 1982, 3. Aufl.

Schipper, A.: Topfobstzucht für Jedermann. Frankfurt/Oder und Berlin 1938.

Seitzer, J.: Farbtafeln der Apfelsorten. Verlag Eugen Ulmer, Stuttgart 1956.

Seitzer, J.: Farbtafeln der Birnensorten. Verlag Eugen Ulmer, Stuttgart 1957.

Seitzer, J.: Farbtafeln der Steinobstsorten. Verlag Eugen Ulmer, Stuttgart 1967.

Silbereisen, R.: Apfelsorten. Verlag Eugen Ulmer, Stuttgart 1980, 2. Aufl.

Sorge, P.: Beerenobstsorten. Neumann Verlag, Leipzig-Radebeul 1984.

Winter, F., u. a.: Lucas' Anleitung zum Obstbau. Verlag Eugen Ulmer, Stuttgart 1981, 30. Aufl.

Bildquellen

Zeichnungen von Claudia Hosslin, Therwil (Schweiz), nach Angaben des Verfassers.

Betten, R.: Abb. Seite 10.
Bosch, H.: Abb. Seite 114.
Eberle, C., Meersburg: Abb. Seite 81, 82, 83, 84, 85, 86, 87, 88, 89, 90, 91, 92, 93, 94, 95, 96, 98, 99, 101, 102, 103, 105.
Felbinger, A., Leinfelden-Echterdingen: Umschlagfoto, Abb. Seite 17, 19, 20, 21, 28 (alle), 29 (alle), 35, 36, 37, 38, 41, 77, 78, 104, 117.
Flora-Bild, Leinfelden-Echterdingen: Abb. Seite 32, 46, 58, 60.
Geigenmüller, M., Landesanstalt für Pflanzenschutz, Stuttgart: Abb. Seite 50, 51, 52 (alle).
Held, E., Kirchheim/Teck: Abb. Seite 2, 16, 23, 26, 57, 65, 67, 74, 75, 80, 115.
Kleeberg, J., Berlin: Abb. Seite 11.
Kurzmann, P., Freising: Abb. Seite 13, 43, 44, 112.
Michel, H.-G., Landesanstalt für Pflanzenschutz, Stuttgart: Abb. Seite 53, 54.

Sachregister